INDEPENDÊNCIA DO BRASIL – AS MULHERES QUE ESTAVAM LÁ

INDEPENDÊNCIA DO BRASIL — AS MULHERES QUE ESTAVAM LÁ

HELOISA M. STARLING

ANTONIA PELLEGRINO

(ORG.)

BAZAR DO TEMPO

©Bazar do Tempo, 2022

Todos os direitos reservados e protegidos pela Lei n. 9.610, de 12.2.1998.
É proibida a reprodução total ou parcial sem a expressa anuência da editora.

Este livro foi revisado segundo o Acordo Ortográfico da Língua Portuguesa de 1990,
em vigor no Brasil desde 2009.

Edição
Ana Cecilia Impellizieri Martins

Coordenação editorial
Meira Santana

Pesquisa histórica
**Projeto República: núcleo de pesquisa,
documentação e memória / UFMG**

Coordenação de pesquisa
Heloisa M. Starling

Equipe de pesquisadores
**Anna Carolina Alves Viana
Francis Augusto Duarte
Isabella Caroline de Souza**

Copidesque
Taís Bravo

Revisão
Eloah Pina

Ilustrações
Juliana Misumi

Projeto gráfico e capa
Leticia Antonio

1ª reimpressão, novembro 2022

CIP-BRASIL. CATALOGAÇÃO NA PUBLICAÇÃO
SINDICATO NACIONAL DOS EDITORES DE LIVROS, RJ

I34

Independência do Brasil : as mulheres que estavam lá / organização Heloisa Starling,
Antonia Pellegrino ; ilustração Juliana Misumi. - 1. ed. - Rio de Janeiro : Bazar do
Tempo, 2022.
 224 p. : il. ; 21 cm.
 Inclui bibliografia
 ISBN 978-65-84515-10-9

 1. Brasil - História - Independência, 1822. 2. Mulheres - Brasil - História. I.
Starling, Heloisa. II. Pellegrino, Antonia.

22-78910   CDD: 981.04
                  CDU: 94(81).04

Meri Gleice Rodrigues de Souza - Bibliotecária - CRB-7/6439
16/03/2021 16/03/2021

Rua General Dionísio, 53 - Humaitá
22271-050 Rio de Janeiro - RJ
contato@bazardotempo.com.br
www.bazardotempo.com.br

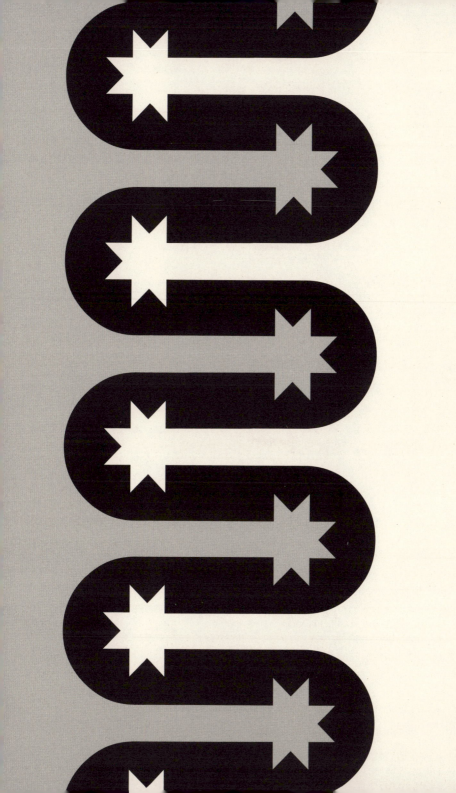

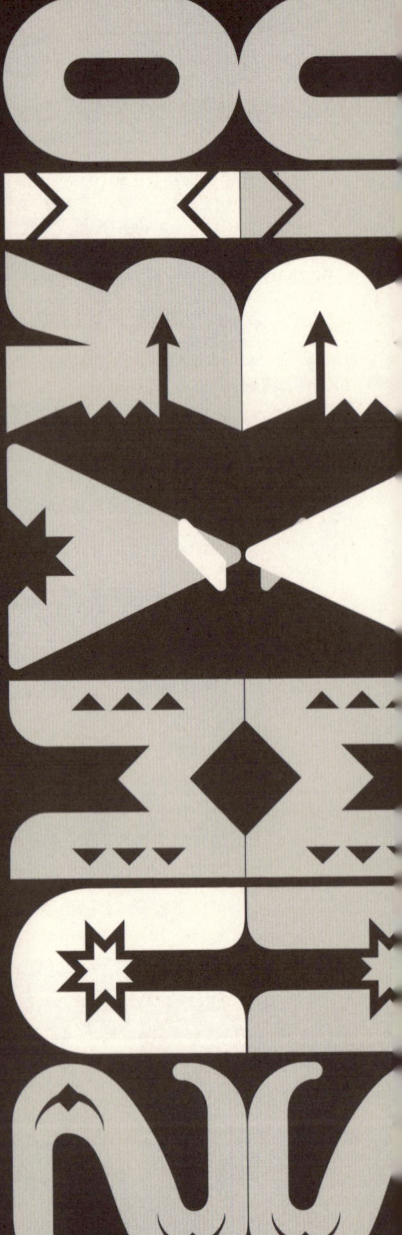

Apresentação
A voz pública das mulheres: um lugar na história
Heloisa M. Starling e Antonia Pellegrino 9

Hipólita Jacinta Teixeira de Melo,
filha do país das Minas
   Heloisa M. Starling 19

Bárbara de Alencar, heroína do Crato
   Antonia Pellegrino 61

Lamentos e lutas de Urânia Vanério
na Independência do Brasil
   Patrícia Valim 85

Maria Felipa de Oliveira,
a mulher que veio do mar e ruminava fogo
   Cidinha da Silva 105

Maria Quitéria: algo novo na frente da batalha
   Marcela Telles 123

A coroa que lhe cabe:
Leopoldina e a aventura de fazer um Brasil
   Virginia Siqueira Starling 145

Ana Lins, dama do açúcar e combatente republicana
   Socorro Acioli 181

Posfácio
Mulheres em necessária travessia
   Cármen Lúcia Antunes Rocha 197

Bibliografia 205
Sobre as autoras 219
Sobre as organizadoras 223

A VOZ PÚBLICA DAS MULHERES: UM LUGAR NA HISTÓRIA

Heloisa M. Starling e Antonia Pellegrino

No Brasil colonial ou na Europa, os usos e costumes desde o fim do século XVIII até a primeira metade do século XIX não recomendavam às mulheres que se arriscassem fora da esfera doméstica; se fosse o caso de tentar ultrapassar esse limite, elas poderiam até conseguir ganhar a vida com o próprio trabalho, sustentar o marido ou, no caso europeu, manter salões ilustrados. Mas de jeito nenhum deveriam reivindicar participação política. Isso era proibido.

Havia mulheres, contudo, decididas a governar as próprias vidas, que ameaçavam as convenções morais e sociais estabelecidas e estavam dispostas a desafiar as barreiras da participação política. E algumas delas levaram a sério um projeto de Independência para o Brasil. Vivenciaram esse projeto de maneiras diferentes, partindo de patamares sociais desiguais e atuando de forma diversa: empunharam armas, se engajaram no ativismo político, fizeram uso da palavra escrita no debate público. Comum a todas elas é a recusa ao lugar subalterno que lhes era reservado. Apesar disso, até hoje sabemos pouco – ou quase nada – sobre a história dessas mulheres pioneiras e o modo como se posicionaram no centro da cena pública durante o processo de Independência do Brasil. Seu protagonismo continua ignorado.

A vedação ao acesso da mulher ao mundo público foi de tal forma enraizada na sociedade que se mantém no centro da desigualdade de gênero até hoje. Independentemente da agenda que a mulher defendesse, ela sempre era – e ainda é – alvo de uma modalidade bem definida de controle e repressão, que se valia de estratégias como a violência política de gênero, os apagamentos nos processos de construção da memória e as distorções narrativas. O objetivo desse vasto repertório tático é mantê-las fora da cena pública e dos espaços de decisão, estancando, impedindo e desencorajando um outro futuro possível. O resultado tem sido eficiente.

As brasileiras são a maioria da população, representam 52% do eleitorado e foram as primeiras a conquistar o direito ao voto na América Latina. No entanto, elas ocupam 15% dos assentos na Assembléia Legislativa e 14,8% no Senado Federal. São esses os dados que colocam o Brasil na posição de número 108º entre 155 países no índice de empoderamento político produzido pelo Fórum Econômico Mundial. Para as mulheres brasileiras, entre todas as fronteiras, a da política foi e continua sendo a mais difícil de transpor.

É necessário investigar a grave sub-representação feminina para enfrentá-la. Esse trabalho demanda, *a priori*, uma distinção entre apagamento e ausência através do tempo. A cientista política Flávia Biroli diz que "há diferença entre lidar com as formas de silenciamento que constituem o ambiente político e definem suas fronteiras e presumir algum tipo de silêncio, como se as vozes contestatórias não fizessem parte do espaço público". Fizeram – e fazem. As mulheres muitas vezes estiveram nesses espaços. Portanto, é preciso que a sua aparição no mundo público seja conhecida e se faça história.

É o que propõe este volume organizado a quatro mãos. A partir de sete perfis, escritos por sete autoras, o livro coloca em movimento uma arqueologia da participação política pioneira de mulheres *que estavam lá*, ocupando a cena pública em um momento decisivo para a história brasileira: o ciclo de lutas pela independência.

Os anos em que se deu o processo de emancipação do Brasil – o nome "Brasil" servia para designar genericamente as possessões portuguesas na América do Sul, já que não não existia neste momento uma unidade brasileira, por assim dizer – entre o fim do século XVIII e as duas primeiras décadas do século XIX, foram de crise e forte movimentação política, cheios de complexidade e contradições. As protagonistas deste livro viveram intensamente, neste contexto, as perspectivas e possibilidades políticas abertas pela palavra "independência" e por aquilo que ela carrega em seu campo semântico – o imperativo da liberdade e da soberania. "Independência" também era uma ideia arregimentadora, considerada insurgente e perniciosa pelas autoridades portuguesas. Favorecia o tema da revolta, encarnava o combate ao tirano e a uma velha ordem monárquica mais ou menos absolutista lotada de instituições corrompidas. Seu enraizamento no território do que um dia seria o Brasil constitui uma narrativa rica, agitada e repleta de peripécias que culmina em quatro momentos fortes da nossa história política.

A Conjuração Mineira, em 1789, foi o mais importante movimento anticolonial da América portuguesa no campo das ideias, e o primeiro a adaptar um projeto claramente republicano para a Colônia. Essa Conjuração – disso às vezes nos esquecemos –

antecedeu a Revolução Francesa; os conjurados tinham como inspiração os acontecimentos revolucionários nas antigas Treze Colônias Inglesas.

A Independência, que seria concretizada mais de três décadas depois, concebeu a ideia de Império e preservou os interesses enraizados em torno do Paço do Rio de Janeiro. Também incluiu a criação de um Estado que centralizava a América portuguesa e conseguiu impedir a fragmentação do território, sobretudo em comparação com a experiência da América espanhola – trouxe ao Império a adesão das províncias, ainda que com o uso da força. Vitoriosa, a Independência manteve a escravidão e determinou a especificidade política do Estado que se formou no Brasil e de seu sistema de governo definido por uma monarquia constitucional representativa.

Implantar esse projeto, no entanto, foi mais complicado do que se costuma admitir – além de nada pacífico. A guerra de Independência, entre 1822 e 1823, envolveu o antigo território da colônia em muita violência, especialmente as províncias do Piauí, Maranhão, Pará e Cisplatina. A Bahia foi chave nas operações militares e o principal cenário da disputa entre Lisboa e Rio de Janeiro para definir quem controlaria o destino do então Reino do Brasil. Mas a América portuguesa não alimentou nenhuma vocação incoercível de vir a constituir um vasto Império. A Revolução de 1817 e a Confederação do Equador, em 1824, revelam uma outra história: a construção de um projeto alternativo de soberania para o Brasil. O ciclo revolucionário da Independência teve seu centro político em Pernambuco e convocou vizinhos do Norte – Piauí, Ceará, Rio Grande do Norte, Alagoas, Sergipe, Paraíba – a aderirem a um programa de emancipação libertário, federalista e republicano.

Cada um desses momentos contou com a participação nada desprezível de mulheres, como se verá. Heloisa M. Starling abre a publicação com o perfil da personagem que teve papel-chave em uma situação de crise da Conjuração Mineira, quando escreveu três mensagens aos líderes do movimento para dar início ao levante: Hipólita Jacinta Teixeira de Melo. Se a Conjuração foi abortada antes de vir a ser ato, a Revolução de 1817 ocupou as ruas de cidades do Nordeste. Entre seus líderes revolucionários havia uma mulher: Bárbara de Alencar. Antonia Pellegrino conta a história de pioneirismo dessa heroína do Crato, a primeira mulher a ser presa por suas convicções políticas, a primeira vítima de violência política de gênero do Brasil.

Em 1822, uma menina de dez anos escreve um panfleto na cidade de Salvador. Chama-se "Lamentos de uma baiana". Seus versos inflamados contra a tirania da Coroa Portuguesa estão incluídos na história. Sabemos que ele faz parte da sequência de acontecimentos que tecem a Independência graças ao trabalho notável de reunião e análise dos panfletos da Independência realizado pelos historiadores Marcello Basille, Lúcia Bastos e José Murilo de Carvalho, publicado pela Editora UFMG, em 2014. Porém sobre a sua autora sempre pesou um enorme silêncio, até a historiadora Patrícia Valim mergulhar em arquivos para retirá-la do esquecimento, que é, afinal, lugar do silêncio, da indiferença e da obscuridade. A jovem autora do panfleto permaneceu fora do relato que a história faz da Independência por duzentos anos até aqui, quando, enfim, podemos conhecer Urânia Vanério.

A escritora Cidinha da Silva transforma em literatura as histórias orais que povoam o imaginário das mulheres negras a respeito da guerreira Maria Felipa de Oliveira, líder do batalhão das Vedetas, que garantiu o sucesso das lutas independentistas travadas na Ilha de Itaparica. Já a historiadora Marcela Telles narra as façanhas da moça-cadete que deixa o interior da Bahia para lutar no *front*, integrando o Batalhão dos Periquitos, a combatente pela Independência Maria Quitéria de Jesus. A jornalista Virginia Starling lança luz sobre uma outra imperatriz Leopoldina revelando suas ideias e articulações pela Independência, numa atuação muitas vezes decisiva nos bastidores do poder; e a escritora Socorro Acioli recupera a corajosa trajetória da heroína alagoana Ana Lins, engajada tanto na Revolução de 1817 quanto na Confederação do Equador.

É muito antiga a aliança entre a voz pública das mulheres e a democracia. Por volta de 366 a.C. a palavra *politeia* designava, em Atenas, ao mesmo tempo, um tipo de regime político e a disposição associativa de um grupo numeroso de pessoas com o objetivo de exercer o direito de viver na comunidade política – a pólis – e dela participarem, em plena liberdade e independência. O termo *politeia* é ambíguo: tanto designa a maneira como se relacionam governo e governados, quanto identifica a possibilidade de uma vida livre entre iguais. É a raiz mais antiga do que entendemos hoje por democracia.

Os atenienses excluíram as mulheres da pólis, mas mantiveram uma exceção. Elas podiam intervir, em sedição, na cena pública, apenas em uma única emergência: em caso de crise aguda na qual a existência da própria pólis estivesse em risco. A comunidade política só entra em crise aguda diante do risco da tirania. E esse risco surge de duas maneiras. Uma, por ameaça externa, como na guerra do Peloponeso, com Atenas cercada pelo inimigo e assolada pela peste – a "Peste de Atenas" foi a primeira epidemia de que temos registro detalhado. A segunda maneira: por corrosão, quando o aspirante a tirano se oferece como resposta e solução personificada para os conflitos internos da cidade e a liberdade pouco a pouco se autorrevoga. Os atenienses concordavam com a intervenção das mulheres na pólis diante dessa única situação extrema. Mas sentiam medo, já que essa ação revelava a plenitude da presença feminina e, portanto, prenunciava a catástrofe.

Historiadores têm pavor de cometer anacronismo, como se sabe. Mas, é claro, todos nós podemos interrogar o passado para tentar compreender a nós mesmos. Então, quem sabe, os atenienses talvez nos digam algo mais. Vejam só: será que eles não estariam indicando também para nós, hoje, que a presença em massa das mulheres na cena pública é a última grande proteção e a grade de defesa de que dispõe a democracia diante da catástrofe?

Comemorar significa recordar juntos. Recordar, por sua vez, significa "chamar de volta ao coração". A história dessas mulheres – sete entre outras certamente ainda a ser resgatadas – narra o difícil percurso de uma ideia de país que busca tornar-se realidade, a partir de novas perspectivas que colocam Hipólita Jacinta Teixeira de Melo, Bárbara de Alencar, Maria Felipa de Oliveira, Urânia Vanério, a imperatriz Leopoldina, Maria Quitéria de Jesus e Ana Lins no centro da cena histórica duzentos anos depois dos acontecimentos pela Independência do país.

Em 2022, o Brasil vive um tempo sombrio e a democracia corre risco real. Convocar a força dessas mulheres e conferir permanência à ação política que elas realizaram para mostrar onde estão fincadas as raízes das ideias de liberdade, soberania e República entre nós pode nos dizer muita coisa sobre a brasileira e o brasileiro que um dia já fomos – ou poderíamos ser.

Quem sabe, então, essa história também nos ajude a pensar sobre o povo que queremos ser. Afinal, a História não está escrita nas estrelas. Ainda temos algum tempo para reagir e fazer nossas escolhas. E escolhermos juntas o futuro.

Rio de Janeiro e Belo Horizonte, julho de 2022

Ana Cecilia Impellizieri talvez não desconfie o quanto sua presença ao nosso lado foi decisiva na construção deste livro. Afinal, esteve conosco desde o momento em que ele começou a existir – ainda na nossa fantasia. Ana Cecilia nos diz muito e sempre sobre a urgência de sair do silêncio e buscar na imaginação e na reflexão crítica as ferramentas para tentar escrever outra história sobre as ideias e o protagonismo político das mulheres no Brasil. Ela é a terceira autora e organizadora deste livro.

AS MULHERES QUE ESTAVAM LÁ

HIPÓLITA JACINTA TEIXEIRA DE MELO, FILHA DO PAÍS DAS MINAS

Heloisa M. Starling

"Hipólita, Hipólita/Insólita sua coragem/
da margem da história de ontem/pro centro da liberdade"
Zélia Duncan

Era 20 de maio de 1789. O sol possivelmente já tinha se posto quando a notícia da prisão de Tiradentes, ocorrida no Rio de Janeiro fazia pouco mais de uma semana, chegou à fazenda da Ponta do Morro, ao pé da Serra São José, um paredão perpendicular de grandes blocos de rochas em formato de ondas, entre a vila de São José del-Rei, atual cidade de Tiradentes, São João del-Rei e o arraial de Prados. Mês de maio, seco e frio. A novidade impensável deve ter atordoado a proprietária, na ocasião sozinha em casa – o marido, Francisco de Oliveira Lopes, viajara dias antes para Vila Rica, sede da capitania das Minas Gerais, hoje Ouro Preto. Hipólita Jacinta Teixeira de Melo andava por volta dos quarenta anos de idade, alimentava ideias temerárias para o futuro da dominação portuguesa na América colonial e estava envolvida até o pescoço na Conjuração Mineira.

Hipólita não se comprometeu com uma revolta qualquer. É bem verdade que motins, rebeliões, levantes e sedições jorraram furiosamente nas Minas Gerais durante toda a primeira metade do século XVIII, e as autoridades portuguesas cortaram um dobrado para introjetar na região o poder do rei, ordenar a população nos limites da lei do Império e contornar o desejo de mando dos colonos. O mais notável agente disciplinador das Minas, Pedro Miguel de Almeida e Portugal, Conde de Assumar, governou a Capitania de São Paulo e Minas do Ouro, entre 1717 e 1720, bateu duro na fama de insubmissão que grassava entre os colonos e afirmou, com todas as letras – e algum exagero –, que a gente da capitania estava destinada a dar enorme trabalho à Coroa:

> Das Minas e seus moradores bastava dizer [...] que é habitada de gente intratável, sem domicílio, e ainda que está em contínuo movimento, é menos inconstante que os seus costumes: os dias nunca amanhecem serenos: o ar é um nublado perpétuo; tudo é frio naquele país, menos o vício, que está ardendo sempre. Eu, contudo, reparando com mais atenção na antiga e continuada sucessão de perturbações que nelas se vêem, acrescentarei que a terra parece que evapora tumultos; a água exala motins; o ouro toca desaforos; destilam liberdades os ares; vomitam insolências as nuvens; influem desordens os astros; o clima é tumba da paz e berço da rebelião; a natureza anda inquieta consigo, e amotinada lá por dentro é como no inferno.[1]

Ia piorar. Em 1789, ao tempo em que Hipólita teve o supremo atrevimento de declarar que podia viver livre de Portugal, algo tinha mudado de forma radical na imaginação política dos mineiros. Ao final do século XVIII, as Minas já dispunham de um legado da insurgência transmitido por uma sequência quase interminável de revoltas, na maior parte dos casos, de natureza antifiscal.[2] Contudo, até a Conjuração Mineira emergir à superfície e assumir o formato de um movimento político explicitamente disposto a combater a relação colonial, ninguém ainda havia acusado a Coroa portuguesa de despotismo; e muito menos planejado criar uma Minas Gerais independente, soberana, autossuficiente e republicana.[3]

Hipólita fazia parte da reduzida elite colonial da capitania, pertencia a uma entre as três famílias de proprietários de terras mais ricas da Comarca do Rio das Mortes e dispunha de um patrimônio respeitável que recebeu por herança paterna. Qual o motivo que a levou à Conjuração? Difícil responder. Seu pai, Pedro Teixeira de Carvalho, filho de portugueses, além de grande fazendeiro, situava-se no topo da nobiliarquia social da capitania. Ocupava o posto de capitão-mor da vila de São José del-Rei e era, portanto, o responsável pelo comando das tropas de Ordenanças – as forças auxiliares não remuneradas de apoio militar formadas por 250 moradores homens, entre dezoito e sessenta anos, encarregados da defesa e manutenção da ordem na vila. O irmão, Gonçalo Teixeira de Carvalho, conservou o status alcançado pela família. Formou-se em Leis, na Universidade de Coimbra e, em 1777, foi nomeado juiz de fora da cidade do Rio de Janeiro onde exerceu a administração da justiça. De volta a Minas, após a morte do pai, deu um jeito de sucedê-lo, em 1783, no posto de capitão-mor da vila de São José del-Rei.[4]

Mas Hipólita recebeu uma educação fora dos padrões de sua época. Às filhas da elite colonial devia-se ensinar a costurar, a bordar, a confeccionar rendas, a rezar e tocar um pouco de piano. Aprendeu tudo isso, é claro. Só não ficou confinada aos constrangimentos impostos pelo futuro estreito reservado às mulheres da sua posição: casar cedo num matrimônio "arranjado", como se dizia então, para assegurar o controle das terras e demais propriedades nas mãos de poucas pessoas provenientes do mesmo grupo social – de preferência, com o filho de um primo mais ou menos distante, de um compadre do pai ou, ainda, de um fazendeiro da região. Bons professores contratados no Rio de Janeiro e, talvez, em Lisboa, ensinaram Hipólita a ler e a escrever em português e em francês, a língua culta ao fim do século XVIII, que ela também falava – aliás, muito bem.

Mesmo com tanto dinheiro, ela não encontrava pretendentes. É provável que a instrução e a curiosidade intelectual de Hipólita, aliadas à desenvoltura e ao seu comportamento independente, assustassem os candidatos a marido. Casou-se tarde para os parâmetros do seu tempo. Ao que tudo indica, em 1781, por volta dos 33 anos de idade, quando o usual eram as núpcias ocorrerem em torno dos vinte anos para as mulheres e 21 anos para os homens. A Igreja católica autorizava o matrimônio aos rapazes a partir dos catorze anos, e às meninas, dos doze.[5] Arranjou um marido um pouco mais novo, filho de um fazendeiro da Freguesia de Nossa Senhora da Piedade de Borda do Campo, hoje Barbacena, e que, aparentemente, não tinha nada a ver com ela. Francisco Antônio de Oliveira Lopes serviu como oficial no Regimento de Cavalaria de Minas, em 1775, no qual se alistou na mesma data em que Tiradentes; só deixou a farda para casar com Hipólita e se transformar em fazendeiro. Um sujeito avantajado, gordíssimo, um pouco tolo e de mente tacanha, de acordo com os relatos da época – um "atroado", um "soronga", diziam.

Quase tudo o que se sabe sobre o marido de Hipólita tem origem nos depoimentos prestados pelos conjurados no contexto das Devassas – os tribunais especiais de inquirição instalados no Rio de Janeiro e em Vila Rica, conduzidos por magistrados indicados pelo vice-rei do Brasil e pelo governador das Minas para apuração do crime de traição contra a vida do rei ou de seus representantes ou a segurança do Estado. Mas é preciso considerar um pormenor nos testemunhos às Devassas. As declarações dos conjurados eram, na maioria das vezes, vagas, dissimuladas e evasivas, e isso tinha razão de ser – foi o resultado provável de uma estratégia de defesa. Afiançar que Tiradentes era "insano" ou Oliveira Lopes "um atroado" significava desacreditar na pessoa do acusado para demonstrar à justiça régia que eles não mereciam nenhum crédito; suas palavras não sustentavam fatos e, portanto, não tinham consistência penal, por assim dizer.

Além disso, ao contrário do que declaravam os réus, é difícil acreditar que Francisco Antônio de Oliveira Lopes fosse apenas um tolo. Afinal, ele esteve envolvido de corpo e alma na Conjuração Mineira. Costumava participar ativamente das principais reuniões que fomentaram a revolta, tanto na Comarca do Rio das Mortes quanto em Vila Rica; debatia o planejamento, emendava detalhes importantes na elaboração de uma estratégia militar para o início do levante armado. Dava ideias e era ouvido. No auge da conspiração, informado das inúmeras dificuldades encontradas pelos conjurados para obter apoio concreto ao movimento por parte da elite econômica do Rio de Janeiro, Oliveira Lopes propôs lançarem mão de uma muito convincente ameaça de calote contra os comerciantes da capital da colônia, responsáveis por sustentar o maior volume de comércio com as Minas: "Feito o levante", explicou, "deputaria a República enviados ao Rio de Janeiro dizendo que, se queriam que as Minas satisfizessem o que se devia àquela praça, praticassem ali o mesmo".[6] Ninguém discordou.

Uma vez preso, Oliveira Lopes mentiu descaradamente. "Quem não mente não é boa gente", informou aos juízes devassantes no Rio de Janeiro. Tamanha desfaçatez não passou despercebida às autoridades portuguesas que o condenaram à morte na forca – a pena foi depois comutada em degredo perpétuo em Angola. Tampouco escapou ao registro fino dos versos da poeta Cecília Meireles, ao desvendar aspectos da personalidade do marido de Hipólita, quase dois séculos depois: "Inventa, confunde,/ Herói, mas velhaco. [...] E diz: 'Quem não mente/ Não é boa gente".[7] Aliás, Oliveira Lopes também costumava dizer, meio a sério, meio a brincar: gordo, valia por quatro conjurados. Talvez não fosse um homem tão atroado como se queria fazer acreditar aos juízes da Devassa.

O casal não teve filhos; mas Hipólita adotou um menino recém-nascido. A mãe, Maria Inácia Policena da Silveira, era irmã mais nova de Barbara Eliodora, esposa de Inácio José de Alvarenga Peixoto, Ouvidor da Comarca do Rio das Mortes. Com a adoção, Hipólita resolveu, sem alarde, um problema delicado. As filhas de José da Silveira e Souza, advogado rico na vila de São João del-Rei, proprietário de lavras e lavouras de cana, eram jovens, bonitas, bem-nascidas; Alvarenga Peixoto se envolveu com uma delas, Bárbara Eliodora Guilhermina da Silveira, de dezenove anos. Em 1779, explodiu o escândalo: Bárbara deu à luz a uma menina, Maria Ifigênia.

A começar por São João del-Rei, seguindo pelos arraiais do Rio das Mortes até Vila Rica, ninguém falou de outro assunto. Criticava-se Alvarenga Peixoto, o poderoso Ouvidor responsável pelas atribuições da justiça na Comarca, criticava-se Bárbara Eliodora e, sobretudo, a família que nada fazia para obrigar o sedutor a casar-se com ela e, escândalo maior ainda, permitia-lhe continuar frequentando a casa. Durante os três anos seguintes, Alvarenga continuou solteiro, passeava com a filha, namorava Bárbara e o doutor Silveira e Souza andava pelas ruas de São João del-Rei fingindo não ouvir os cochichos que ferviam à sua passagem: era o "doutor Surdo", avisavam os maldizentes. Tamanha pachorra tirou do sério o vigário Vilas-Boas, que passou a fazer diariamente sermões enfurecidos dedicados ao tema – também não deu resultado. Em viagem à Vila Rica, porém, Alvarenga exagerou: compareceu de braços dados com Bárbara no teatro e, caso inédito, em sarau no palácio do governador. O escarcéu foi grande demais e o governador das Minas, Rodrigo José de Menezes, não teve alternativa: chamou Alvarenga às falas, mandou regressar urgente a São João del-Rei e marcar o casamento.[8] A cerimônia aconteceu de maneira discreta, celebrada por padre Toledo, vigário na vila vizinha, São José del-Rei, e um dos maiores amigos de Alvarenga Peixoto.

O tenente Antônio José Dias Coelho era outro frequentador assíduo da casa do doutor José da Silveira e Souza e se envolveu com sua filha mais nova, Maria Inácia. Namorava a caçula, era correspondido, e da relação amorosa nasceu um menino. Nem Silveira e Souza, e muito menos sua família tinham condições de enfrentar novo escândalo. A solução deve ter sido combinada entre Hipólita e Bárbara, duas amigas. O recém-nascido foi deixado na porta da fazenda da Ponta do Morro, ninguém conhecia sua origem e ele recebeu de Hipólita o nome de Antonio Francisco Teixeira. Ao completar 16 anos, Hipólita nomeou o filho como administrador de uma de suas fazendas. Em seu testamento, redigido em 1827, fez dele seu herdeiro universal. A história da adoção só se esclareceu de vez em 17 de janeiro de 1828: no testamento aberto no dia de sua morte, o antigo tenente Antônio José Dias Coelho, agora nomeado marechal de campo por Pedro I, reconhecia, trinta anos depois, Antonio Francisco Teixeira como seu filho e de Maria Inácia Policena da Silveira.[9]

A fazenda da Ponta do Morro era o bem mais valioso da herança paterna recebida por Hipólita. Localizada nas proximidades da principal rota de trânsito para as Minas – o "Caminho Novo" –, a propriedade exibia os sinais de vitalidade econômica, característicos da região, em fins do século XVIII. Não foi por acaso que, entre 1776 e 1788, a Comarca do Rio das Mortes cresceu cerca de 30% em população, enquanto a Comarca de Vila Rica decresceu cerca de 1% no mesmo período. O pico da produção do ouro na capitania das Minas Gerais foi alcançado no intervalo de tempo entre 1737 e 1746, e começou a rarear na segunda metade da década seguinte. A crise que se seguiu teve início em meados da década de 1760 e seria irreversível. A retração do ouro, a abertura do "Caminho Novo", a perspectiva de abastecer o mercado do Rio de Janeiro, e, além disso, a possibilidade de embarcar mercadorias pelo porto mais importante do sudeste da colônia, é um combinado que nos ajuda a compreender as razões do deslocamento do eixo econômico – e populacional – da capitania das Minas, na segunda metade do século XVIII, em direção à Comarca do Rio das Mortes.[10]

As fazendas da região eram um tipo de latifúndio capaz de integrar a grande lavoura – com produção de legumes, frutas e verduras –, o engenho de açúcar e a pecuária. Seu valor econômico predominante não se calculava somente em terras, benfeitorias e produção agrícola, mas também em número de cabeças de gado e em escravizados. A riqueza da Ponta do Morro vinha justamente da diversificação econômica. Podia ser medida pela produção agrícola sortida, extensão de terras, número de escravizados, escoamento de alimentos para o interior das Minas, transporte e venda de produtos para as capitanias vizinhas. A fazenda possuía trezentas cabeças de gado vacum, dezesseis bois de carro, sessenta ovelhas, além de quarenta porcos "de terreiro", criados em terras próximas às moradias e bem longe das plantações. Dispunha de jardins, horta e um pomar com "árvores de espinhos", nome genérico para designar laranjeiras e outras árvores cítricas. O conjunto incluía um grande terreiro murado de pedra, matas virgens e terras de cultura de "capoeiras", a área de mato baixo, com capim e arbustos, onde a vegetação original foi derrubada e que servia de pastagem para o gado. E, provavelmente, algum ouro ainda se minerava ali à época da Conjuração Mineira, em virtude dos 53 instrumentos de extração aurífera arrolados no sequestro dos bens de Hipólita, ocorrido quando sobreveio a repressão aos conjurados.

Ainda assim, tudo isso não bastava para avaliar a imponência da fazenda de Hipólita. Uma propriedade desse porte contava com inúmeras benfeitorias e a Ponta do Morro seguiu à risca o padrão construtivo que caracterizou a Comarca do Rio das Mortes. O marco principal era a casa de fazenda ampla, bastante ventilada, esparramada no terreno e assentada diretamente sobre alicerces de pedra, com escadaria e vinte janelões de frente – a quantidade de janelas indicava o status da proprietária. À parte da sede, espalhava-se o conjunto de construções independentes e complementares que compunham a unidade produtiva: paiol, senzala, oficinas, engenho de pilões de cana e dois alambiques para destilar cachaça. A Ponta do Morro produzia aguardente de laranja com adição de mel, e Hipólita costumava presentear amigos com licores fabricados com frutas da própria fazenda. Já a aguardente extraída da cana-de-açúcar garantia bons negócios a ela e aos fazendeiros do Rio das Mortes. Por conta de seu nível calórico, servia como alimento complementar na dieta de escravizados e entre os setores mais empobrecidos da população. Cabaças de aguardente estavam sempre disponíveis e, ao lado da rapadura e do fumo – a "erva santa", como se dizia então – era um produto lucrativo e fácil de ser encontrado em qualquer das numerosas vendas espalhadas pelas vilas e arraiais. Mas da Ponta do Morro não sobrou nada – tudo foi destruído. Hoje restam apenas ruínas tomadas pelo mato.[11]

A Ponta do Morro, no entanto, não era sua única posse. A fazenda da Lage, situada a meio caminho entre a vila de São José Del-Rei e a vila de São João Del-Rei, ao que tudo indica, funcionava como suporte de produtos e infraestrutura para a Ponta do Morro; dispunha de casas térreas, engenhos de pilão de socar farinha e paiol com moinho, igualmente "cobertos de telhas", como na Ponta do Morro. Os pilões da Lage produziam, além da farinha, o azeite de mamona indispensável para a iluminação das duas fazendas e da casa assobradada que Hipólita possuía na área central do arraial de Prados, com frente para o adro da Igreja de Nossa Senhora da Conceição. Também servia para fabrico da paçoca de carne-seca ou amendoim torrado e massa de mandioca cozida, que era a base na preparação da broa, além do beneficiamento do café em pó.[12]

Hipólita nasceu em Prados, na Comarca do Rio das Mortes, hoje Campo das Vertentes, vizinha à cidade de São João del Rey, provavelmente em 1748. Com a morte da mãe, Clara Maria de Melo, ocorrida em algum momento entre 1763 e 1764, ela deve ter compreendido que a vida pode se quebrar com facilidade, e a Ponta do Morro tornou-se seu porto seguro. Conhecia em detalhes cada espaço, anexo ou canto da propriedade, e eram esses detalhes que davam sentido à sua história pessoal. Num cotidiano abafado em que as mulheres de sua posição se restringiam ao jardim, à cozinha, à reza e ao bordado, e cujos momentos ao ar livre eram, algumas vezes, controlados por familiares, Hipólita decidiu que podia andar por ali o quanto fosse preciso; zanzava pela fazenda e arredores, desde sempre, sozinha, a cavalo ou a pé. Aliás, se for correto o pouco que se diz sobre ela, em Prados, nos relatos da tradição oral, Hipólita andava a cavalo para cima e para baixo – era boa amazona, o bastante para montar o animal em pelo.[13] Mergulhava na natureza por horas a fio, entrava pelas matas atrás de espécies de plantas, trazia amostras para cultivar no jardim, no pomar e na horta.

A Ponta do Morro dispunha de capela ou ermida com invocação de Nossa Senhora da Penha de França.[14] É provável que os avôs paternos, ambos portugueses e os primeiros proprietários da fazenda, tenham dado início à devoção – Nossa Senhora da Penha de França é venerada em Portugal desde o fim do século XVI. Na tradição católica, o culto à Virgem da Penha de França está originalmente associado ao mundo da natureza e aos valores da permanência, tranquilidade, reflexão, silêncio. Hipólita se manteve a vida inteira apegada a tudo isso. Talvez sua paixão especial pelo mundo natural lhe tenha facultado um convite à autorreflexão – a natureza acolheu sua intimidade, treinou sua imaginação para sair em visita e lhe permitiu o exercício do pensamento, a oportunidade de ver as coisas em suas perspectivas próprias.

Mas é impossível saber ao certo. É pesado o silêncio sobre a história singular de Hipólita. O esquecimento e as incertezas da documentação referentes aos episódios de sua vida são um problema sem tamanho para qualquer um que queira revisitar o passado. Num caso extremo como esse, recorrer a uma abordagem indireta das fontes para contornar a extensão do não dito pode ser um recurso alternativo para acessar algo do mundo que Hipólita viu e, assim, tentar compreender sua trajetória no tempo que lhe foi dado viver, bem como as intervenções que ela desempenhou na conjuntura política com os meios de que dispunha. Transitar entre realidade e possibilidade é uma opção quando se trata de enfrentar o mutismo das fontes que costuma recair sobre mulheres e, especialmente sobre aquelas, como Hipólita, capazes de reivindicar protagonismo político. Ao uso controlado dessa estratégia os historiadores chamam por "a imaginação do possível".[15]

A liberdade é amável

Conspirar, do latim, *conspirare*, significa "respirar juntos". A palavra revela o propósito de tramar ou maquinar em comum alguma coisa contrária ao interesse de alguém.[16] Não se conhece a data precisa em que a Conjuração Mineira tomou forma. Provavelmente foi em algum momento entre 1781 – o ano quando, em Coimbra, doze estudantes de Minas e do Rio de Janeiro juraram dedicação à causa da Independência de sua terra natal –, e 1788, quando o projeto de criar uma República nas Minas passou a ser expressamente debatido em reuniões realizadas com esse propósito na capitania. Uma vez mobilizadas pelos conjurados em longos serões que entravam pela madrugada afora, as ideias de autossuficiência econômica, independência, soberania e poder republicano se espalharam com rapidez. Trafegaram por dentro da estrutura social e circularam de uma ponta a outra do território das Minas, a partir de três centros nervosos de transmissão: as Comarcas de Vila Rica, Rio das Mortes e Serro do Frio.[17]

Amizade era o que se podia ter em um sistema de sociedade como a que se formara nas Minas, ainda sustentado no intercâmbio de relações interpessoais. Nesse mundo de sociabilidade restrita, os grupos de homens que se visitavam regular e informalmente ao anoitecer para conversar e jogar cartas, gamão, xadrez ou dados, encontraram um modo próprio de desfrutar convívio e intimidade entre familiares, vizinhos e amigos. O afeto da amizade aliviava o ônus de viver no interior de uma região extrema da América e servia de liga para dilatar a esfera da vida íntima, possibilitando ao sujeito definir um circulo mais amplo e complementar de relacionamento. Isso funcionava como uma espécie de alavanca na sociedade característica do século XVIII, que operava numa zona intermediária em que público e privado ainda não haviam se separado inteiramente.[18] No dia a dia dos colonos, as formas de relacionamento social guardavam a ambiguidade de um tempo de transição. E foi entre as quatro paredes da residência doméstica – mas a um passo da rua – que a Conjuração Mineira encontrou um terreno relativamente autônomo para que pessoas privadas lograssem atravessar a fronteira do mundo público e experimentassem uma forma de convivência política – os serões – capaz de funcionar como lugar de encontro e debate de ideias que garantia aos convivas desfrutarem autonomia de espírito.

Para a Ponta do Morro acorreu gente graúda do mundo econômico e ilustrado da capitania em fins do século XVIII. Os serões impunham ares mais oxigenados que os do cotidiano interiorano da Comarca do Rio das Mortes e possivelmente criaram uma rotina muitíssimo apreciada por Hipólita. Sucediam-se amiúde, mas a movimentação deve ter crescido depressa a partir de algum momento ao fim dos anos de 1780, quando a política invadiu sem muita cerimônia o hábito dos serões. Seus frequentadores começaram a bravejar contra a Coroa num clima de confiança mútua e a se indagar sobre uma questão que prometia muito e cheirava pólvora: as Minas poderiam viver sem Portugal? Até porque a localização da Ponta do Morro a um passo do "Caminho Novo" facilitava as comunicações e estreitava os contatos entre os homens das vilas de São João del-Rei, arraial de Prados e São José del-Rei e entre a Comarca do Rio das Mortes e Vila Rica. O ambiente incluía alguma frivolidade e decerto falava-se mal da vida alheia entre uma e outra partida de gamão em que, conta a lenda, Hipólita fez fama. Praticava-se um pouco de música, os convidados emprestavam livros, compartilhavam favores, especulavam sobre os acontecimentos políticos na Europa e na América inglesa e, com regularidade cada vez maior, cuidavam de expressar descontentamento crescente com a administração metropolitana.[19]

Tudo muito comum ao tipo de sociabilidade praticada nas Minas. Nos serões da Ponta do Morro, inusitado era o comportamento de Hipólita, que destoava por completo da maneira como as anfitriãs de sua posição social recebiam os visitantes na entrada da casa: com cortesia, mas no seu canto e em segurança, confinadas à domesticidade do lar e do casamento. Só ela foi capaz de transitar com desenvoltura em um grupo heterogêneo e exclusivamente masculino que reunia proprietários de terras, bacharéis, militares, padres, comerciantes e poetas. Alvarenga Peixoto, o ouvidor poeta de São João del-Rei, Carlos Correia de Toledo, o vigário apreciador de música de São José del-Rei, seu irmão, Luiz Vaz de Toledo Piza e o sobrinho, Claro José da Mota e Toledo revezavam-se entre os frequentadores mais assíduos. Além de alguns dos principais fazendeiros da região: José Aires Gomes, considerado o maior proprietário da capitania em extensão de terras; os Rezende Costa – pai e filho; João Dias da Mota; Francisco José de Melo, primo de Hipólita, e quase vizinho à Ponta do Morro.

Domingos Vidal Barbosa Lage, médico, com passagem pelas universidades de Montpellier e Bordéus, era também aparentado com os donos da casa e grande amigo de Oliveira Lopes. José Álvares Maciel, por vezes, deixava Vila Rica para seguir pelo "Caminho Novo" e confabular com o grupo. Recém-formado em Filosofia Natural, em Coimbra – o equivalente hoje ao curso de Engenharia de Minas e Metalurgia –, Maciel andava envolvido com pesquisas mineralógicas e insistia em estabelecer pontes com membros da elite abastada do Rio das Mortes para debater a importância da criação de projetos de indústrias na capitania. O alferes Tiradentes, por sua vez, já tramava abertamente contra a Coroa nos serões da Ponta do Morro desde o início de 1788. Além de amigo e antigo companheiro de armas do marido de Hipólita, ele adquiriu o hábito de parar na fazenda com frequência, fosse como comandante da "Patrulha do Mato", encarregada de vigiar as picadas e atalhos do Caminho Novo, fosse durante as viagens que fazia às vilas e arraiais da Comarca do Rio das Mortes – sua terra natal. Visitantes habituais, Inácio Correia Pamplona e Joaquim Silvério dos Reis se tornariam delatores da Conjuração Mineira – ambos entregaram a conspiração ao governador da capitania, visconde de Barbacena, tanto verbalmente quanto por escrito. O contratador João Rodrigues de Macedo, provavelmente o homem mais rico da região, responsável pela arrecadação dos tributos das "Entradas" – as taxas cobradas sobre as mercadorias em circulação na capitania –, tinha negócios em sociedade com Oliveira Lopes; não seria incomum deixar Vila Rica para tomar o rumo da Ponta do Morro.[20]

Aos poucos, talvez outras cabeças da Conjuração em Vila Rica, de olho nas conversas sediciosas, no apoio e nos recursos financeiros do Rio das Mortes, tenham começado a chegar. Inclusive Tomás Antônio Gonzaga, um grande poeta, ouvidor de Vila Rica, encarregado de alinhavar, em conversas com Cláudio Manuel da Costa e com o cônego de Mariana, Luís Vieira da Silva, uma nova forma política para o governo das Minas. Era improvável que voltassem para casa de mãos abanando. Na medida em que a década de 1780 avançou, a conjuntura mudou drasticamente para pior e os serões da Ponta do Morro se tornaram mais reivindicativos e menos cautelosos em face da autoridade régia. Havia razões de sobra para descontentamento, os debates alinhavam fatores de natureza distinta – política e administrativa, econômica e cultural –, com capacidade de impacto variada, mas capaz de atingir todas as camadas da estrutura social da capitania. Existia, de longa data, o rigor de uma política metropolitana que desconsiderava a realidade da queda da produção do ouro e descartava a criação de projetos alternativos para a exploração do potencial econômico das Minas. A frustração era grande: Lisboa desprezava até mesmo a diversidade das atividades agrícolas que estavam em pleno desenvolvimento na Comarca do Rio das Mortes.

E havia fatores de natureza conjuntural. Num momento de recessão provocado pelo declínio da produção do ouro, Portugal insistia na imposição da "Derrama", tributo cobrado por Lisboa com intenção de completar as cem arrobas da cota anual de ouro devida à Coroa – equivalente a 1,5 toneladas de ouro. Caso a quantidade arrecadada no ano fosse inferior, no período seguinte tornava-se necessário executar a "Derrama", segundo a qual todos os homens livres da capitania, incluindo o clero, seriam convocados a cobrir o déficit. Desde 1773, a cota do imposto não se completava, e nas contas da Coroa havia 538 arrobas para serem pagas pelos mineiros. Ninguém sabia ao certo como seria a cobrança, mas sobrava especulação. E era o caso de fazer as contas: se Lisboa resolvesse cobrar todas as parcelas atrasadas, a fatura poderia sair por volta de oito toneladas de ouro – em torno de 46 gramas. de ouro para cada homem livre.

A boataria comeu solta. Nos serões da Ponta do Morro, alguns garantiam que a "Derrama" seria imposta em fevereiro; outros especulavam que o visconde de Barbacena cobraria apenas o valor do ano anterior, cerca de sessenta arrobas, novecentos quilos de ouro. Falavam alto, sem discordância: impor taxas e criar impostos sempre foi uma alternativa fácil para o governante resolver a crise que ele próprio contribuiu para criar. Mas essa alternativa também costuma provocar reações viscerais, sobretudo quando aplicada a uma capitania surrada e dilapidada. Não foi difícil para ninguém identificar sinais de um desastre iminente; o ar da fazenda estava carregado de rumores e a temperatura política dos serões chegou ao ponto de ebulição.[21]

Envolvida diretamente com as diversas atividades econômicas da região, Hipólita conhecia a natureza dos negócios da Comarca; era uma mulher prática, decerto. Entendia o motivo das queixas que evoluíam a cada reunião, conhecia de perto a depressão dos ganhos, a escalada das perdas, a persistência dos interesses contrariados. Mas se é plausível imaginá-la inteligente, inquieta e senhora de si, tampouco ela desprezaria as ideias. "A liberdade é amável", deve ter ouvido, mais de uma vez, de Luis de Toledo Piza,[22] quando ele desejava explicar a alguém as razões que o levaram a tornar-se um conjurado. O entendimento de que o amor pela liberdade não se resume a uma conduta política orientada pela utilidade, pode tê-la surpreendido. Comprometer-se com um afeto que faz exigências políticas e se manifesta numa presteza de partilhar o mundo com os outros oferece um rumo certo para quem, em um ato de coragem, decide ampliar seu espectro de possibilidades. E Hipólita passou a vida em busca de alcançar voz própria, recusando-se a ser confinada na esfera doméstica, no papel de esposa e mãe.

Decifrar Hipólita não é tarefa fácil. Talvez as ideias tenham lhe propiciado as ferramentas do pensamento de que precisava para compreender a realidade em que estava metida – tal como ocorreu com Tiradentes. "As Minas podiam viver independentes do governo de Portugal", ele explicava entusiasmado, em 1789: "[As Minas] eram um país, como não havia outro, que tinham todas as riquezas em si e que não precisavam doutro país para sua subsistência [...] poderiam ser uma República e conseguir a liberdade [...]". Independência significa soberania. Supõe a criação de uma comunidade territorial com comando interno e autonomia com relação às potencias estrangeiras, a fundação de um corpo político próprio – o Estado – e a capacidade de criar, alterar e revogar suas leis. Nos termos de Tiradentes, era isso mesmo: se nas Minas existisse "outro governo e fosse uma República, assim como a América inglesa, seriam o país mais feliz do mundo",[23] garantia.

Hipólita fazia parte de uma reduzida elite colonial gerada dentro do Império, mas é improvável que admitisse a si mesma uma mulher portuguesa nascida na América. Via-se, com mais nitidez, como natural das Minas, ou, para usar a definição da época, reconhecia-se "filha das Minas", um predicado geográfico – o local onde lhe coube viver – colorido pela região e que, se até então, expressava uma forma diferenciada de se incluir no domínio português, não se opunha negativamente aos reinóis – todos eram súditos do rei de Portugal e prestavam lealdade a um mesmo soberano. A inquietação deve ter brotado irrigada nas ideias de Independência; elas amadureceram no seu íntimo o sentimento de identificação com o território mineiro e abriram espaço para a viragem.[24] A partir de então, reconhecer-se "filha do país das Minas" passou a ser constitutivo de sua sensibilidade política: nomeava a condição de pertencimento a uma comunidade assumidamente única, autogovernada, capaz de administrar suas próprias riquezas e projetar o futuro.

Nesse contexto, é provável que a convivência com Tiradentes tenha sido decisiva para Hipólita forjar sua própria compreensão política acerca do mundo em que vivia. Afinal, não lhes faltava assunto. A começar pelo apreço que ambos nutriam pela

Botânica. Ela tinha interesse na matéria e ele era um mestre no conhecimento de plantas – sobretudo plantas medicinais. Coletava ervas para produzir remédios sob a forma de chás, tisanas e unguentos, trazia alívio às enfermidades e às longas semanas de dor constante e conseguia pôr fim ao pavor dos dentes estragados – era bom curador, tinha "alguma inteligência de curativo", resumia. E Tiradentes sabia bem o jeito de reunir as coisas na hora de afinar o próprio argumento: este país de Minas Gerais bem poderia ser uma "República Florente", talvez tenha explicado à Hipólita, como disse a tanta gente entre as Minas e o Rio de Janeiro. Ele usava o termo "florente" de duas maneiras que se completavam: no sentido de fazer desabrochar a República – a República "em flor", esclarecia; e para indicar que, uma vez instalada, essa seria uma República "próspera", "florescente", já que sustentada pela extraordinária riqueza natural das Minas.[25]

Tiradentes era cheio de conversa, bons argumentos e tinha uma causa. De modo algum iria perder a oportunidade de emprestar à Hipólita o livro, escrito em francês – língua que ela dominava bem – e que carregava para toda parte dentro da algibeira. Deve ter agido como de costume: pediu ajuda à Hipólita para que traduzisse trechos específicos e depois deixou com ela por algum tempo o exemplar para que o lesse. Intitulado *Recueil des loix constitutives des colonies anglaises confédérées sous la dénomination d'États-Unis de l'Amérique-Septentrionale* [Compêndio das leis constituintes das colônias inglesas confederadas sob o nome dos Estados Unidos da América do Norte], o livro era uma publicação ilegal, com formato um pouco maior do que uma caderneta de capa dura – fácil de fazer sumir nas barbas de uma autoridade xereta. Em junho de 1788, dois exemplares desembarcaram clandestinamente no porto do Rio de Janeiro embrulhados nas peças de roupa da bagagem de uma dupla de estudantes, José Álvares Maciel e José Pereira Ribeiro, recém-formados em Coimbra, de retorno ao Brasil. Ainda no Rio de Janeiro, Álvares Maciel encontrou Tiradentes. Eles já se conheciam, a afinidade entre os dois era grande, havia interesses demais em comum, e Álvares Maciel não teve dúvida: emprestou seu exemplar para o amigo que não o largou mais.

Se esse exemplar, de fato, chegou às mãos de Hipólita, ela deve ter ficado fascinada: havia ali um bocado de documentos revolucionários. O livro lançava luz sobre uma visão de futuro: o que é uma República, o que ela deve ser e o que é possível realizar. Além disso, trazia as ferramentas adequadas para quem pretendia implantar a República em um território potencialmente continental e com uma população numerosa. A proposta era grande demais para a imaginação política da época, que até então só considerava a viabilidade do experimento republicano em comunidades pequenas.[26] E essa possibilidade descortinou o futuro na cabeça dos conjurados mineiros porque a solução favorecia enormemente ao aspecto mais ambicioso de seu próprio projeto político: ali havia a melhor maneira disponível de tentar formar e manter uma República, em outro espaço territorial também de proporções continentais – a América portuguesa –, por meio da associação entre várias capitanias, dispostas a se organizarem como comunidades políticas livres e soberanas.

Além disso, o *Recueil*, como a publicação ficou conhecida desde então, reunia tanto os escritos constitucionais sobre o modo de se criar uma estrutura de governo para a República, quanto o catálogo de direitos estabelecidos no preâmbulo da *Declaração de Independência dos Estados Unidos da América*, redigida por Thomas Jefferson. O grande perigo era este: como se não bastasse trazer para as Minas a nova linguagem do republicanismo que brotou no território da antiga América inglesa, o *Recueil* juntava essas ideias com a afirmativa de que todas as pessoas possuem direitos inatos e que esses direitos não são uma evidência natural nem dependem de um absoluto transcendental; ao contrário, constituem uma condição de proteção ao indivíduo e representam uma conquista histórica e política.[27]

Ler trechos de uma obra com tamanha força revolucionária há de ter sido uma experiência decisiva para Hipólita. As ideias se integravam, acendiam sua imaginação e davam forma inteligível a um projeto emancipacionista nas Minas. Compreensível se ela se deixou arrebatar. Pensando bem, ainda que lhe escapasse, ao menos de início, os sentidos do procedimento que estava criando, os serões abriram para ela, de diferentes maneiras, o *front* de sua atuação política.

Conjurada

Até hoje, pouco se sabe sobre Hipólita Jacinta, mas uma coisa salta aos olhos: era uma mulher destemida. Quando a notícia da prisão de Tiradentes chegou à fazenda da Ponta do Morro, na noite de 20 de maio de 1789, ela não teve nenhuma dúvida. A Conjuração Mineira estava indo a pique e as tropas da infantaria portuguesa enviadas pelo vice-rei, Luís de Vasconcelos e Sousa, chegariam a Vila Rica em poucos dias. Tinha de agir, agir depressa e assumir o risco: "Dou-vos parte, com certeza, de que se acham presos, no Rio de Janeiro, Joaquim Silvério dos Reis e o alferes Tiradentes para que vos sirva ou se ponham em cautela [...] e que se ficavam aprontando [no Rio de Janeiro] cinco esquadras para subirem para Minas", mandou avisar secretamente ao marido e às duas lideranças responsáveis pelo esquema militar montado pelos conjurados. Despachou a correspondência por um portador de confiança, seu compadre Vitoriano Gonçalves Veloso, alfaiate no distrito de Gritador, em São José del-Rei – homem negro, filho de uma escravizada, e que, tudo indica, era frequentador dos serões na Ponta do Morro.[28] Depois, foi queimar os papéis que julgou comprometedores.

Hipólita não ficou só no informe. Avaliou que ainda havia chance para reverter o desmonte – pequena, mas havia. Precisava consumar a rebelião, declarar a Independência nas Minas e instalar a República. Na fazenda da Ponta do Morro, sozinha, decidiu tocar a revolta para frente; tudo indica que partiu dela a ordem de dar início ao levante militar. Instruiu trazer a tropa do Serro para o lado da sedição, largar o brado de "Viva o Povo" – uma espécie de proclamação quase ritual que servia de incitação para qualquer sublevação nas Minas desde o levante Emboaba, ocorrido entre 1707 e 1709 – e deflagrar a guerra em vários pontos da capitania. Também é possível imaginá-la como uma mulher desconfiada de que sempre é mais fácil falar do que fazer. Ela foi dura no arremate: "Quem não é capaz para as coisas, não se meta nelas. E mais vale morrer com honra que viver com desonra", escreveu.[29]

"Por improvável que fosse o sucesso da sublevação àquela altura", anotou o escritor Lucas Figueiredo em sua biografia de Tiradentes, "ainda havia pessoas dispostas a resistir, e entre elas havia uma mulher".[30] É isso mesmo. O propósito da mensagem de Hipólita era dar início à resistência armada. Para tanto seria preciso executar, com alguma possibilidade de sucesso, as duas etapas militares planejadas originalmente pelos conjurados. Uma, o fechamento da ligação com o Rio de Janeiro, através do "Caminho Novo", pelo núcleo de conspiradores no Rio das Mortes, na altura dos despenhadeiros da Mantiqueira. Padre Carlos Toledo, seu primeiro destinatário, frequentador assíduo dos serões da Ponta do Morro, estava encarregado de fornecer cavalos e homens municiados para a luta em São José do Rio das Mortes, Borda do Campo e Tamanduá. Enquanto isso, Luiz Vaz de Toledo Piza, seu irmão, deveria ocupar o Registro do Paraibuna, na divisa com o Rio de Janeiro, o posto fiscal mais movimentado da capitania, com um grupo bem armado para impedir o avanço das tropas do vice-rei em direção às Minas.

Já a instrução de Hipólita de deslocar a força militar até a Comarca do Serro do Frio e só então lançar o brado de "Viva o povo" remodelava, em parte, a segunda etapa da revolta planejada pelos conjurados. Vitoriano Veloso precisava transmiti-la ao outro destinatário de sua mensagem, tenente-coronel Francisco de Paula Freire de Andrade, comandante do Regimento Regular de Cavalaria de Minas e provável chefe militar da Conjuração. No plano original, o efetivo da corporação, sob as ordens de Freire de Andrade, deveria ocupar o centro de Vila Rica e dar início ao levante. Mas, num cenário adverso como aquele, a opção precisava ser alterada e o deslocamento da soldadesca até o Serro serviria para reforçar com armas e homens a principal zona de resistência armada. Os conjurados contemplaram em seu esquema militar a utilização do recuo tático e da "guerra do mato", ou "guerra brasílica", que hoje chamamos de guerrilha, nas montanhas do Distrito Diamantino – estava a cargo de padre José da Silva e Oliveira Rolim, uma mistura fascinante e explosiva de rebelde libertário, contrabandista, agiota, aventureiro temerário e violento e, de quebra, sedutor incorrigível.[31] Ele iria tomar o controle de toda a região dos diamantes à frente de duzentos garimpeiros e faiscadores fora da lei armados com mosquetes, balas e facões; em meio aos penhascos, assim seria possível encurralar as tropas portuguesas.

Os conjurados sustentaram um esquema militar que guardava semelhança estratégica e parecia inspirar-se no êxito alcançado pelas Treze Colônias Inglesas durante a guerra de Independência.[32] O custo de uma guerra atlântica também para Portugal resultaria altíssimo. Não seria fácil, nem barato, manter o deslocamento de tropas através do Atlântico e, em seguida, por terra, para o interior da América portuguesa. A posição estratégica das Minas – entre o litoral e o interior e entre o Rio de Janeiro e Salvador – e a proteção natural das montanhas permitiam a montagem de um sistema defensivo em profundidade. Se as Minas resistissem por até três anos, os portugueses não teriam nenhuma alternativa a não ser reconhecer a independência. A expectativa não era a de vencer no campo militar e expulsar as tropas portuguesas; era a de exaurir Portugal, inclusive economicamente, forçando Lisboa a negociar.

Se tudo correu como descrito nos Autos da Devassa, Vitoriano Veloso realizou uma proeza. Em mais ou menos 78 horas, ele teria percorrido cerca de 240 quilômetros. O roteiro: Ponta do Morro/Campo Alegre dos Carijós/Ouro Branco/Cachoeira do Campo/Capão do Lana-Vila Rica/Ouro Branco/Ponta do Morro. Entregou a correspondência a padre Toledo na noite de 20 de maio. No dia seguinte, o correio de Hipólita alcançou Oliveira Lopes retornando à Comarca do Rio das Mortes, no caminho que seguia em direção à fazenda da Ponta do Morro. Em seguida, galopou para Vila Rica. Na altura do Capão do Lana, entroncamento dos caminhos para Vila Rica e Cachoeira do Campo, Vitoriano Veloso viu, de longe, passar Tomás Antônio Gonzaga a cavalo, acorrentado, escoltado por soldados, a caminho do Rio de Janeiro. Não se sabe, com certeza, o que fez a partir desse momento. Talvez ainda tenha insistido em seguir até Vila Rica e tentado inutilmente entregar a mensagem destinada a Freire de Andrade; ou, quem sabe, destruiu a carta, deu meia volta e tratou de sumir na estrada de regresso à Ponta do Morro.[33]

Apesar do esforço, o plano de Hipólita não deu certo. Ela ainda não sabia, mas Freire de Andrade tinha recuado. Pediu licença do comando, alegou doença, tentou se colocar a salvo na fazenda que possuía, entre Cachoeira do Campo e Ouro Branco, e apostou na inércia das autoridades. Dois meses depois, mudou de lado: contou tudo o que sabia sobre a conspiração, duas vezes, por escrito, ao visconde de Barbacena. Calculou, talvez, que agindo assim ganharia tempo, evitaria o pior e Barbacena pudesse protegê-lo. Ao que parece, o governador tentou realmente deixá-lo de fora da Devassa que se iniciava. Mas não conseguiu evitar por muito tempo as denúncias que se avolumavam sobre o envolvimento do comandante do Regimento Regular de Cavalaria de Minas na Conjuração. Em setembro, Barbacena não quis – ou, não pode – esperar mais. Freire de Andrade foi conduzido preso direto ao Rio de Janeiro; condenado à morte, teve a pena comutada em degredo perpétuo na fortaleza de Pedras de Ancoche, interior de Angola.[34]

Padre Toledo, por sua vez, seguiu à risca as instruções de Hipólita. Destruiu os papéis que poderiam incriminá-lo, juntou algumas roupas, deixou apressado a vila de São José del-Rei como quem sai de viagem e tratou de submergir. No dia 24 de maio, marcou encontro com Oliveira Lopes, ao pé da serra de São José – num lugar próximo à Ponta do Morro, conhecido como Atrás da Serra. Avisou que "se havia assentado fazer-se o levante fosse como fosse". E explicou: "porque valia mais morrer com a espada na mão que como carrapato na lama".[35] A mensagem de Hipólita, ao que parece, calou fundo em Toledo. Recomendou a Oliveira Lopes alforriar vinte escravizados dispostos a aderirem ao levante armado. Ele iria em seguida, juntamente com o irmão, tratar de reunir pelo menos oitenta homens no arraial da Lage. Mas não deu tempo. Terminada a conversa, Oliveira Lopes montou em seu cavalo e subiu a serra para regressar a Ponta do Morro. Do alto, viu a tropa de Minas, enviada pelo visconde de Barbacena ao Rio das Mortes para executar as primeiras prisões, renderem Toledo. "Estou preso", ele ainda conseguiu gritar para aviso ao outro.

A Conjuração desandou, e o clima de medo generalizado se instalou na capitania com as autoridades farejando por todos os lados em busca de informações. Quando acumulou dados suficientes, o visconde de Barbacena começou a disparar – e Hipólita Jacinta não iria escapar. Ele concebeu uma punição exemplar – e cruel – para a mulher que se achava dona do próprio nariz, ao ponto de planejar a Independência das Minas. Ordenou o sequestro total dos bens do casal sem direito a partilha conjugal. Sequestro é o processo em que se faz a descrição, avaliação e partilha dos bens de uma pessoa presa pelo crime de Inconfidência, e que serve para identificar o conjunto de pertences a ser canalizado para os cofres da Coroa. Barbacena apreendeu-lhe, inclusive, sua herança paterna, a fazenda da Ponta do Morro e tudo que estava na propriedade: lavras minerais, utensílios de extração do ouro, engenho, instrumentos agrícolas, animais de criação, gado, o plantel de escravizados; além do mobiliário e da prataria.[36] Entre as esposas dos conjurados, só ela foi penalizada dessa forma. Perdeu tudo.

Mas há algo desconcertante na ordem de sequestro emitida pelo governador. Não existe acusação formal contra Hipólita. Tendo-se o delito de Conjuração por comprovado – a disposição de depor o governante, tentar tomar a liberdade e chegar ao poder pelo caminho encurtado da ação violenta –, seu nome, contudo, não faz parte dos arrolados pela Devassa, a mistura de inquérito criminal e processo judicial que pretendia definir os fatos, encontrar provas, identificar autores, punir os culpados e garantir a tranquilidade da Coroa. Ao avançar sobre os bens daquela que, diante da justiça do rei, seria apenas mais uma entre as esposas dos conjurados mineiros, Barbacena quebrou o silêncio mais profundo do relato sobre a história: admitiu a presença de Hipólita no centro do acontecimento político e fez dela uma inconfidente. Inconfidência é crime de lesa-majestade de primeira cabeça – significa ser infiel ao soberano, traição contra a vida do rei ou de seus representantes e contra a segurança do Estado português.[37] A perda total de seus bens sem direito à meação conjugal estabelecia com nitidez o crime de Inconfidência praticado pela única mulher com protagonismo político na Conjuração Mineira.

Barbacena pretendia condenar a conjurada a um mutismo sem esperança, mas nem ele, nem as autoridades de Lisboa, conheciam Hipólita Jacinta. Nos dez anos seguintes, ela aprontou o diabo: subornou funcionários da Coroa, aliciou parentes e compadres, escondeu patrimônio, queimou documentos, mentiu de maneira deslavada aos inquiridores do rei. A engenhosidade de Hipólita foi precisamente manobrar ao seu favor a lógica corrupta que estava inscrita no próprio funcionamento da gestão dos negócios do reino e de suas colônias. Os padrões permissivos do sistema de administração do Império português decorriam da má remuneração dos funcionários ultramarinos e da admissão tácita de obterem ganhos paralelos relacionados a sua atividade nas colônias. A Coroa apenas fechava os olhos às falcatruas cometidas por seus agentes desde que não atentassem contra as receitas régias e, de preferência, praticassem a rapinagem de maneira discreta. Aliás, como denunciou Padre Vieira, ainda no século XVII: "Esta é a causa original das doenças do Brasil. [...] Tomar o alheio, cobiças, interesses, ganhos e conveniências particulares. Perde-se o Brasil, senhor, porque alguns ministros de Sua Majestade não vêm cá buscar nosso bem, vêm cá buscar nossos bens".[38]

Hipólita não só agiu segundo suas próprias regras, mas também virou ao avesso a lógica corrupta da administração portuguesa. Subornou com "três vacas paridas" o magistrado responsável pela anotação do sequestro de seus bens e, para evitar quaisquer problemas, indicou que isso valia tanto para subavaliar quanto para omitir bens ou ainda avaliá-los em conjunto e por preços mais baixos. Compensações financeiras facilitavam a vida dos condenados nas prisões e ela tampouco hesitou: oficiais de justiça nas Minas e no Rio de Janeiro receberam dinheiro vivo, entre 10 e 12 mil cruzados, em troca de fornecerem à Hipólita, com certa regularidade, notícias e algum alívio aos rigores do cotidiano do marido na cadeia – nunca deixou de se preocupar em protegê-lo.

Aos seus olhos, tratava-se de enfrentar o mando da Coroa e não se intimidar. E talvez ela acreditasse, no íntimo, que a política é também domínio da razão prática. É sempre mais fácil "sonegar bens que se movem, pois são facilmente escondidos, do que patrimônio imóvel", observou o historiador André Rodrigues, em um trabalho notável de reconstituição e destino das posses de sete conjurados da Comarca do Rio das Mortes, e que incluí a constituição e gerenciamento dos bens de Hipólita e de Oliveira Lopes.[39] Inúmeras cabeças de gado "levaram descaminho", ela declarou concisa durante os trâmites judiciais de elaboração dos sequestros. E, é claro, gado extraviado não poderia aparecer relacionado na listagem dos animais da Ponta do Morro. Éguas, ovelhas, porcos e leitões, além de bois de carro, ela simplesmente escondeu em propriedades de amigos na vizinhança; e afirmava desconhecer quaisquer bens existentes fora da fazenda. Mais adiante, mandou anunciar na prestação de contas aos magistrados que os animais da Ponta do Morro eram velhos, não tinham valor: "nas ovelhas", dizia, "não houve aumento por morrerem muitas. Nos porcos também não houve aumento [...] as éguas não tiveram sucessão [...] bois morreram de velhos, outros foram vendidos [...] e os bezerros se mataram para sustento de escravos enfermos".[40]

O rearranjo de bens e a rede de apoio entre familiares e amigos que Hipólita organizou, impressiona. Naquela conjuntura adversa e a sua própria maneira, ela continuou tramando em comum contra a Coroa portuguesa. A fazenda da Lage e outros bens foram comprados – e devolvidos a ela – por seu tio, tenente-coronel José Francisco de Carvalho. Hipólita também exigiu com sucesso a exclusão da fazenda da Ponta do Morro da relação de bens apreendidos no sequestro. Seu irmão, Gonçalo Teixeira de Carvalho, sustentou o argumento: alegou que, apesar da morte dos pais, a Ponta do Morro não havia sido partilhada entre os herdeiros e, portanto, Hipólita não era a proprietária. Ao contratador João Rodrigues de Macedo, Hipólita solicitou que arrematasse as terras que ele tinha em sociedade com seu marido e repassasse o valor a ela – Macedo, claro, atendeu de imediato.[41]

Esse posicionamento intransigente, obstinado e corajoso tornou-se marca constitutiva de sua trajetória. Tem fundamento. Afinal, dez anos depois, Hipólita tinha recuperado seu patrimônio: os bens que lhe ficaram de herança paterna e as propriedades do marido. Mas não se sabe até onde lhe chegou a sua dor. Apenas em seu testamento ela admitiu fornecer ao futuro um vestígio que serve de acesso direto ao modo como se via ou sentia: "Declaro que, *no tempo da minha infelicidade*, alguns parentes meus e estranhos trataram dos negócios da minha casa, comprando e vendendo, e pagando algumas dívidas minhas. E porque possa acontecer, *o que muito duvido*, que algum tenha carta ou crédito meus, pagos, ou algum papel que eu por engano assinasse, declaro que nada devo".[42] Hipólita não fala em surdina. "O que muito duvido" é uma frase que pode não obedecer ao tom ou à padronização retórica de um testamento escrito por uma mulher no século XVIII, mas é reveladora da relação consigo mesma, com sua própria vida e com sua memória.

Em 1789, a Conjuração Mineira fracassou. Entre março e junho daquele ano, ocorreram as delações e, a partir de então, uma parte dos conjurados foi presa. Sobrevieram as Devassas, os interrogatórios, a morte suspeita de Cláudio Manuel da Costa, o desterro na África, a prisão perpétua em Portugal para réus eclesiásticos e o enforcamento de Tiradentes. Com o furor repressivo das autoridades portuguesas e o esforço que fizeram para esconder a conspiração de Minas inclusive da atenção internacional, não era para sobrar nada. Mas, esmagada a Conjuração Mineira, sobraram as ideias. Elas se espalharam internamente na América portuguesa e cresciam à medida que se espalhavam, formando novas e inesperadas teias de conexões, visíveis, sobretudo, em 1794, durante a Conjuração do Rio de Janeiro e, em 1789, na eclosão da Conjuração Baiana.

E então, no dia 3 de março de 1817, a República foi proclamada pela primeira vez no Brasil – na cidade de Recife. A revolução irrompeu em Pernambuco, abriu o ciclo de transformações que levaram à Independência do Brasil e soprou uma aragem republicana e libertária que chegou até a Paraíba, o Rio Grande do Norte e o Ceará. Em maio, a cidade de Crato, sul do Ceará, materializou sua adesão ao movimento revolucionário iniciado dois meses antes em Pernambuco. Em meio a vivas à República, a multidão marchou para ocupar a Câmara Municipal. A República do Crato foi proclamada, as autoridades depostas. Novos representantes foram nomeados e começaram a legislar: aboliram impostos, confiscaram armas e propriedades de portugueses. À frente da multidão e entre as lideranças da Revolução de 1817, no Crato, estava uma mulher, Bárbara de Alencar.

Nos anos que se seguiram, os pernambucanos continuaram em pé de guerra – foi "A outra Independência", escreveu o historiador Evaldo Cabral de Mello.[43] A província contestou o projeto de Império brasileiro encabeçado pela Corte instalada no Rio de Janeiro, com uma longa sequência de eventos políticos de natureza mais ou menos local. Em 2 de julho de 1824, Pernambuco hasteou mais uma vez sua bandeira republicana e federalista, e conjurou nova revolução: a Confederação do Equador reimplantou a República, e convidou os vizinhos do Norte a aderirem – Piauí, Ceará, Rio Grande do Norte, Alagoas, Sergipe, Paraíba.

Quais foram as notícias desses acontecimentos que chegaram até Hipólita? Não se sabe. Mas as informações circulavam presentes em toda parte, e é possível imaginar que despertaram entusiasmo na fazenda da Ponta do Morro. Hipólita morreu em 1828 e as ideias de Independência e República faziam parte de sua vida – como testemunhas de si mesma. E o relato que se faz com sua presença e com a coerência de sua ação alarga e renova a compreensão do acontecimento histórico: a Conjuração Mineira é também o que acontece com uma mulher, ao final do século XVIII, de inequívoco comportamento político. Em torno de Hipólita, não gravitam versos líricos, nem existe uma história de amor, como aconteceu com Maria Dorotéia Joaquina de Seixas – a mais conhecida entre as "Marílias" de Gonzaga –, ou com Bárbara Eliodora, esposa de Alvarenga Peixoto. Seu nome tampouco evoca o enredo meio clandestino de uma paixão e de uma família fora da norma e dos padrões, como a que viveram

Cláudio Manuel da Costa e Francisca Arcângela – a mulher negra e pobre que o poeta amou até o fim da vida, mas nunca teve a coragem de assumir abertamente. Ao redor de Hipólita, só existe política. Então, é preciso que a sua aparição no mundo público, em 1789, se faça história.

NOTAS

1. *Discurso histórico e político sobre a sublevação que nas Minas houve no ano de 1720*, 1994. p. 59. A autoria é desconhecida. Sua autoria foi creditada por Laura de Mello e Souza a d. Pedro Miguel de Almeida Portugal e aos dois jesuítas que o acompanharam durante a estadia nas Minas: José Mascarenhas e Antônio Correia. A esse respeito, ver: L. de M. e Souza, "Estudo crítico". In: *Discurso histórico e político sobre a sublevação que nas Minas houve no ano de 1720*, ibid.

2. Para as rebeliões ocorridas nas Minas durante a primeira metade do século XVIII, ver: C. M. J. Anastasia, *Vassalos rebeldes: violência coletiva nas Minas na primeira metade do século XVIII*. São Paulo: C/Arte, 1998. Para Assumar, ver: L. de M. Souza, "Teoria e prática do governo colonial: Dom Pedro de Almeida, conde de Assumar". In: *O sol e a sombra: política e administração na América portuguesa do século XVIII*. São Paulo: Companhia das Letras, 2006.

3. Para o programa político da Conjuração Mineira, ver: K. Maxwell, *A devassa da devassa. A Inconfidência Mineira: Brasil-Portugal (1750-1808)*. Rio de Janeiro: Paz e Terra, 2009; S. P. Rouanet, "As Minas iluminadas: a Ilustração e a Inconfidência". In: A. Novaes (Org.), *Tempo e história*. São Paulo: Companhia das Letras, 1992; P. Doria, *1789: a história de Tiradentes e dos contrabandistas, assassinos e poetas que lutaram pela independência do Brasil*. São Paulo: Harper Collins, 2014; H. M. Starling, *Ser republicano no Brasil Colônia: a história de uma tradição esquecida*. São Paulo: Companhia das Letras, 2018.

4. Para o patrimônio e posição social de Hipólita, Pedro Teixeira de Carvalho e Gonçalo Teixeira de Carvalho, ver: A. F. Rodrigues,

A fortuna dos inconfidentes: caminhos e descaminhos dos bens de conjurados mineiros (1760-1850). São Paulo: Globo, 2010. Para Capitão-mor, ver: F. A. Cotta, *Matrizes do sistema policial brasileiro*. Belo Horizonte: Crisálida, 2012 (especialmente capítulo 5); J. M. de Carvalho, "Federalismo y centralización em el império brasilenõ: historia y argumento". In: M. Carmagnani (Coord.), *Federalismos latinoamericanos: México/Brasil/Argentina*. Cidade do México: Fondo de Cultura Económica, 2016.

5. Para casamentos, ver: M. Del priori, "Ritos da vida privada". In: L. de M. e Souza, Laura (Org.), *História da vida privada no Brasil: cotidiano e vida privada na América portuguesa*. São Paulo: Companhia de bolso, 1997. Para padrões de instrução, ver: L. C. Villalta, "O que se fala e o que se lê: língua, instrução e leitura". In: L. de M. e Souza, op. cit., São Paulo: Companhia de bolso, 1997. Ver também: C. B. Pinsky e J. M. Pedro (Org.), *Nova história das mulheres no Brasil*. São Paulo: Contexto, 2012.

6. "AUTO de perguntas ao cel. Francisco Antônio de Oliveira Lopes". *Autos da Devassa da Inconfidência Mineira. Apenso II*, 1982, v. 2, p. 49. Para Oliveira Lopes, ver: M. Jardim, *A inconfidência mineira: uma síntese factual*. Rio de Janeiro: Biblioteca do Exército, 1989, pp. 149-ss; T. J. B. Oliveira, "Nota biográfica". In: *Autos da Devassa da Inconfidência Mineira*, ibid., p. 38. Para a estratégia de defesa dos conjurados, ver: J. D. Focas, *Inconfidência mineira: a história dos sentidos de uma história*. Belo Horizonte: Editora UFMG, 2002; K. Maxwell, op. cit.

7. C. Meireles, "Romance XXXIX ou de Francisco Antônio". *Romanceiro da Inconfidência*. São Paulo: Global Editora, 1989, pp. 145-46.

8. Para Alvarenga e Bárbara, ver: S. Sant'anna, *Inconfidências mineiras: uma história privada da Inconfidência*. Rio de Janeiro:

Zahar, 2000; A. Gonçalves, *Gonzaga, um poeta do Iluminismo*. Rio de Janeiro: Nova Fronteira, 1999.

9. Para adoção ver: "ÓBITO e registro do testamento de D. Hipólita Jacinta Teixeira de Melo, viúva do Inconfidente Francisco Antônio de Oliveira Lopes. Paróquia de Prados, Registro de óbitos, 1928, fls. 42v". In: *Autos da Devassa da Inconfidência Mineira*, op. cit., pp. 429-ss. Para reconhecimento de Antônio Francisco Teixeira por Antônio José Dias Coelho, ver: Ibidem, p. 437. Ver também: A. F. Rodrigues, op. cit, p. 92.

10. Para a vitalidade econômica da Comarca do Rio das Mortes e sua relação com a Conjuração Mineira, ver: J. P. Furtado, *O manto de Penélope: história, mito e memória da Inconfidência mineira de 1788-9*. São Paulo: Companhia das Letras, 2002; A. F. Rodrigues, op. cit.

11. G. Werneck, "MPMG recomenda tombamento de ruínas de fazendas que pertenceram a inconfidentes em MG". *Estado de Minas*. Caderno Gerais. 22 de abril de 2015. p. Para fazendas na Comarca do Rio das Mortes na segunda metade do século XVIII, ver: H. T. Martins, *Sedes de fazendas mineiras: Campo das Vertentes, séculos XVIII e XIX*. Belo Horizonte: BDMG Cultural, 1998. Para a Ponta do Morro, ver: "Translado do sequestro e da adição ao sequestro (16-04-1790) feitos a Francisco Antonio Lopes". *Autos da Devassa da Inconfidência Mineira*. op. cit, p. 151 e seguintes. Ver também: J. P. Furtado, op. cit. (especialmente capítulos 1 e 2).

12. Para as demais propriedades, ver: "Translado do sequestro e da adição ao sequestro (16-04-1790) feitos a Francisco Antonio Lopes". *Autos da Devassa da Inconfidência Mineira*, op. cit., pp. 151-ss. Ver também: A. F. Rodrigues, op. cit.

13. Para a tradição oral sobre Hipólita, ver: R. S. Coelho, *Hipólita, a mulher inconfidente*. Belo Horizonte: Armazém de Ideias, 2000; P. de C. Vale, *De Prados, da "Ponta do Morro" para a liberdade*. Belo Horizonte: Armazém de Ideias, 2000. Para confinamento e controle das mulheres da elite colonial, ver: L. M. Algranti, "Família e vida doméstica". In: L. de M. e Souza (Org.), op. cit.

14. Para capela, ver: "Translado do sequestro e da adição ao sequestro (16-04-1790) feitos a Francisco Antonio Lopes". *Autos da Devassa da Inconfidência Mineira*, op. cit., p. 152. Para a devoção de Nossa Senhora da Penha, ver: B. Kranz, *21 Nossas Senhoras que inspiram o Brasil*. São Paulo: Planeta, 2020.

15. Ver: N. Z. Davis, *O regresso de Martin Guerre*. São Paulo: Fio da Palavra, 2009. Ver também: M. Perrot, *Minha história das mulheres*. São Paulo: Contexto, 2007.

16. F. Guattari, *Revolução molecular: pulsações políticas do desejo*. São Paulo: Brasiliense, 1981.

17. Para ideias na Conjuração Mineira ver: K. Maxwell, op. cit. S. P. Rouanet, op. cit.

18. Para o elemento político da amizade inerente ao diálogo entre amigos, ver: H. Arendt, "Filosofia e política". In: A. Abranches (Org.), *A dignidade da política: ensaios e conferências*, 1993.

19. Para serões e padrões de sociabilidade setecentista, ver: A. Gonçalves, op. cit; L. de M. e Souza, *Cláudio Manuel da Costa; o letrado dividido*. São Paulo: Companhia das Letras, 2011; L. M. Algranti, "Família e vida doméstica". In: L. de M. e Souza (Org.), op. cit.

20. Para os conjurados no Rio das Mortes, ver: A. F. Rodrigues, op. cit. Para a camaradagem de armas entre Oliveira Lopes e Tiradentes, ver: A. Gonçalves, op. cit., p. 228. Para Tiradentes

e Patrulha do Mato, ver: H. M. Starling, op. cit. Para Tiradentes e Comarca do Rio das Mortes, ver: L. Figueiredo, *O Tiradentes: uma biografia de Joaquim José da Silva Xavier*. São Paulo: Companhia das Letras, 2018. Para a relação de negócios entre Macedo e Oliveira Lopes, ver: A. F. Rodrigues, op. cit., p. 112.

21. Para fatores ver: K. Maxwell, op. cit; H. M. Starling, op. cit. Para boatos sobre a derrama e especulações sobre o valor a ser cobrado, ver: P. Doria, op. cit. K. Maxwell (Org.), *O livro de Tiradentes: transmissão atlântica de ideias políticas no século XVIII*. Penguin/Companhia das Letras, 2013, p. 36; L. de M. e Souza, *Cláudio Manuel da Costa*, op. cit.

22. "Auto de perguntas ao sargento-mor Luís Vaz de Toledo Pisa. 2ª. Inquirição – Rio de Janeiro, Cadeias da Relação – Acareação com o Capitão José de Resende Costa – 02-07-1791". *Autos da Devassa da Inconfidência Mineira*, op. cit., v. 5, p. 321.

23. "Auto de perguntas ao ten. cel. Francisco de Paula Freire de Andrade. 2ª. Inquirição – Rio de Janeiro, Fortaleza da Ilha das Cobras – 25 de janeiro de 1790". ibid., p. 180; "Inquirições de Testemunhas (I). Testemunha 4ª". *Autos da Devassa da Inconfidência Mineira*, ibid., pp. 155-56. Para os sentidos de Independência, ver: L. M. B. Pereira das Neves, "Independência". In: J. F. Júnior (Org.), *Léxico da história dos conceitos políticos do Brasil*. Belo Horizonte: Editora UFMG, 2014.

24. Para politização da identidade particularista no caso das Minas, ver: R. G. Stumpf, *Filhos das Minas, americanos e portugueses: identidades coletivas na capitania das Minas Gerais (1763-1792)*. São Paulo: Hucitec, 2010.

25. Ver: "Inquirição de Testemunhas (1). Testemunha 4ª". *Autos da Devassa da Inconfidência Mineira*, op. cit. v. 1, p. 156.

26. Para a inovação no experimento republicano, ver: B. Bailyn, *As origens ideológicas da Revolução Americana*. São Paulo: Edusc, 2003; G. S. Wood, *The creation of the American Republic 1776-1787*. Carolina do Norte: Omohundro Institute / University of North Carolina Press, 1993.

27. Para a trajetória desse exemplar do "Recueil", ver: K. Maxwell (Org.), *O livro de Tiradentes: transmissão atlântica de idéias políticas no século XVIII*, op. cit.; H. M. Starling, op. cit. (especialmente capítulo 5).

28. Para o aviso aos conjurados, ver: "Corpo de Delito. Anexo 3. Carta aditiva de Inácio Correia Pamplona. Mendanha, 21-05-1789". *Autos da Devassa da Inconfidência Mineira*, op. cit, v. 1, p. 116; "Corpo de Delito. Inquirição das testemunhas. Testemunha 21ª". [Inácio Correia Pamplona]. *Autos da Devassa da Inconfidência Mineira*, ibid., p. 195. "Corpo de Delito. Inquirição das testemunhas. Testemunha 26ª". [Vitoriano Gonçalves Veloso]. *Autos da Devassa da Inconfidência Mineira*, ibid., pp. 210-ss. "Auto de perguntas feitas a Vitoriano Gonçalves Veloso. 2ª Inquirição. Cadeia pública. 6-08-1789. Apenso VI". *Autos da Devassa da Inconfidência Mineira*, op. cit., v. 2. Para Vitoriano Veloso, ver: M. Jardim, op. cit., pp. 198-200.

29. Para o aviso aos conjurados, ver: "Corpo de Delito. Anexo 3. Carta aditiva de Inácio Correia Pamplona. Mendanha, 21-05-1789". *Autos da Devassa da Inconfidência Mineira*, op. cit, v. 1, p. 116; "Corpo de Delito. Inquirição das testemunhas. Testemunha 21ª". [Inácio Correia Pamplona]. *Autos da Devassa da Inconfidência Mineira*, ibid., p. 195. "Corpo de Delito. Inquirição das testemunhas. Testemunha 26ª". [Victoriano Gonçalves Veloso]. *Autos da Devassa da Inconfidência Mineira*, ibid. "Auto de perguntas feitas a Vitoriano Gonçalves Veloso. 2ª Inquirição. Cadeia

pública. 6-08-1789. Apenso VI". *Autos da Devassa da Inconfidência Mineira*, op. cit., v. 2.

30. L. Figueiredo, op. cit., p. 297. Devo à generosidade de Lucas Figueiredo as primeiras indicações que recebi sobre a importância política de Hipólita na Conjuração Mineira.

31. A reconstituição do planejamento militar da Conjuração Mineira pode ser realizada a partir do conjunto de informações presentes nos seguintes documentos constantes nos *Autos da Devassa*: Corpo de Delito; Formação de Culpa I Rio de Janeiro; Formação de Culpa II Minas Gerais; Formação de Culpa III Rio de Janeiro; Apensos da Devassa Formação de Culpa (Parte I); Devassa Rio de Janeiro e Juízo da Comissão contra os Réus da Conjuração de Minas Gerais. Ver: *Autos da Devassa da Inconfidência Mineira*, op. cit., v. 1, 2, 4 e 5. Para padre Rolim, ver: R. W. de Almeida, *Entre a cruz e a espada: a saga do valente e devasso padre Rolim*. São Paulo: Paz e Terra, 2002.

32. Para a estratégia militar adotada pelas Treze Colônias Inglesas, ver: R. Middleton, *A Guerra de Independência dos Estados Unidos da América*. São Paulo: Madras, 2013.

33. Para o trajeto e resultado da missão, ver: "Corpo de Delito. Inquirição das testemunhas. Testemunha 26ª". [Vitoriano Gonçalves Veloso]. *Autos da Devassa da Inconfidência Mineira*, op. cit., v. 1, pp. 210-ss; "Auto de perguntas feitas a Vitoriano Gonçalves Veloso. Apenso VI". *Autos da Devassa da Inconfidência Mineira.*, op. cit., v. 2. L. Figueiredo, op. cit., p. 300; M. Jardim, op. cit., p. 199.

34. Para Freire de Andrade, ver: L. Figueiredo, op. cit. A. Gonçalves, op. cit.

35. "Auto de perguntas ao cel. Francisco Antônio de Oliveira Lopes. 1ª Inquirição. Cadeia Pública. 15-06-1789". *Autos da Devassa da Inconfidência Mineira.* Apenso II, op. cit., v. 2, p. 59. Para o encontro de Toledo e Oliveira Lopes, ver: L. Figueiredo, op. cit., p. 301.

36. Para Sequestro e perda total dos bens sem direito à meação conjugal ver: A. F. Rodrigues, op. cit.

37. Para o significado de Conjuração, ver: N. Bignotto, "Maquiavel e as conjurações". In: *O aprendizado da força: Maquiavel e a arte de governar.* Belo Horizonte, 2018 (Mimeografado). Para o crime de Inconfidência, ver: Ordenações Filipinas. Lisboa: Fundação Caloustre Gulbenkian, 1983. 3 volumes. (Especialmente Livro V); A. Dal Ri Júnior, *O Estado e seus inimigos; a repressão política na história do direito penal.* Rio de Janeiro: Revan, 2006 (especialmente capítulo 6).

38. A. Vieira, "Sermão da visitação de Nossa Senhora" pregado no Hospital da Misericórdia da Bahia na ocasião em que chegou àquela cidade o Marquês de Montalvão. In: *Sermões.* São Paulo: Hedra, 2003. v. 1. Ver também: L. R. Figueiredo, "A corrupção no Brasil Colônia". In: L. Avritzer, H. Starling et. al. (Org.), *Corrupção; ensaios e críticas.* Belo Horizonte: Editora UFMG, 2012.

39. A. F. Rodrigues, *A fortuna dos inconfidentes: caminhos e descaminhos dos bens de conjurados mineiros (1760-1850),* op. cit., p. 125.

40. Ibidem, p. 124

41. Ibidem, p. 91, 268.

42. "Óbito e registro do testamento de D. Hipólita Jacinta Teixeira de Melo, viúva do Inconfidente Francisco Antônio de Oliveira Lopes. Paróquia de Prados, Registro de óbitos, 1928, fls. 42v".

In: *Autos da Devassa da Inconfidência Mineira*, op. cit., v. 9, pp. 433-34

43. Para o ciclo revolucionário da Independência do Brasil, ver: E. C. Mello, *A outra Independência; o federalismo pernambucano de 1817 a 1824*. São Paulo: Editora 34, 2004.

BÁRBARA DE ALENCAR
Crato, Ceará

BÁRBARA DE ALENCAR, HEROÍNA DO CRATO

Antonia Pellegrino

Recife era um paiol de pólvora naquele abril de 1817. Pela primeira vez, um movimento anticolonial ultrapassava a fase conspiratória e chegava ao poder. Os revolucionários haviam proclamado a República. Era preciso reunir as forças rebeldes do Nordeste no enfrentamento à Coroa Portuguesa. No fim do mês, o então subdiácono José Martiniano Pereira de Alencar bate atrás de si as grossas portas de madeira do Seminário de Olinda e parte com uma missão: irradiar a revolução republicana até o Ceará.

A tarefa arriscada é feita pelo interior, através dos caminhos pedregosos do sertão. Quem o acompanha é o "Patriota A", seu colega de seminário, Miguel Joaquim César, encarregado de expandir a senda da liberdade até o Rio do Peixe, na capitania da Paraíba, vizinho ao Cariri cearense.

Era a terceira tentativa dos pernambucanos de alastrar o movimento pelo Nordeste. Antes, no dia 30 de março de 1817, João Antônio Rodrigues de Carvalho, o ouvidor-geral do Ceará e um dos responsáveis por organizar a revolução em Pernambuco, fora preso durante os preparativos de sua partida. O contratempo não impediu os revoltosos de enviarem dois patriotas numa jangada rumo ao Ceará.

Francisco Alves Pontes e Matias José Pacheco embarcaram em 14 de abril de 1817, munidos de armas, fardamento e correspondências do Governo Provisório de Pernambuco. Navegaram pelas águas mornas do litoral da Paraíba e do Rio Grande do Norte até serem avistados, já na altura do presídio de Canoa Quebrada, onde guardas realistas os prenderam. Desta vez, o jovem José Martiniano, codinome "Patriota B", não podia errar.

Quando a Revolução dos Padres, ou Revolução de 1817, irrompe em Pernambuco, os ventos da liberdade já bafejavam há décadas. Em 1776, as Treze Colônias da América do Norte haviam vencido a metrópole inglesa e fundado os Estados Unidos, ensinando ao mundo como instituir uma República em um grande território. As lições norte-americanas desembarcaram no Brasil por meio de dois exemplares de um livreto de capa dura impresso clandestinamente na França. Do porto do Rio de Janeiro, um dos exemplares de *Recueil des loix constitutives des colonies anglaises confédérées sous la dénomination d'États-Unis de l'Amérique-Septentrionale* chegou às mãos de Tiradentes. Com ele, as ideias subversivas viajaram às Minas Gerais. A Inconfidência Mineira foi sufocada antes de vir a ser ato, mas a semente republicana continuaria a dar frutos – desta vez, do outro lado do oceano Atlântico. Em 1789, os franceses derrotaram o absolutismo monárquico e fizeram uma revolução que inspirou o mundo com seus valores iluministas de liberdade, fraternidade e igualdade.

Esses mesmos princípios germinariam em solo nacional no ano de 1798, desta vez, na Bahia, na breve Revolta dos Alfaiates também chamada Revolta dos Búzios, protagonizada por soldados que, para complementar a renda, dedicavam-se ao trabalho de costura e usavam um búzio de Angola como adorno no vestuário devido ao seu caráter divinatório ligado às religiões de matriz africanas. Este sinal utilizado para fixar uma identidade acabaria por batizar a Conjuração. Não foi sem ardor que os pernambucanos também abraçaram a causa. A primeira tentativa de romper com a dominação portuguesa explodiu na Inconfidência dos Suassuna, em 1801, tendo à frente o clã dos Cavalcante de Albuquerque, magnatas do açúcar, aboletados na burocracia colonial brasileira desde o século de 1500. O plano foi descoberto e abortado pelas autoridades, mas o entrave não os desmobilizou. Em nome da liberdade, os patriotas pernambucanos tentaram até resgatar o general Napoleão Bonaparte – àquela altura preso na Ilha de Santa Helena, na Costa da África – para comandar as tropas do Nordeste do Brasil. Eles entendiam que o apoio externo era importante, mas fundamental mesmo seria ganhar a adesão da arraia-miúda, dos militares e senhores de engenho. Em 1816 surgiu a oportunidade. A seca assolou inúmeros cultivos do Nordeste e a situação econômica das províncias da região, entre as quais Pernambuco, se agravou graças à queda no preço do açúcar no mercado internacional e ao aumento do preço dos escravizados. Estava formada a tempestade perfeita.

A partir de então as lideranças republicanas que conspiravam em maçonarias subterrâneas, inflamando a elite contra os altos impostos para manter a Corte instalada no Rio de Janeiro, saem dos porões para as ruas. Os revoltosos defendem maior autonomia provincial e o fim dos abusos da Corte. Seu clamor encontra ecos entre comerciantes e militares. Atenta ao iminente levante, a Coroa planeja prender e matar vários indivíduos, entre eles, muitos membros da elite agrária. No Regimento da Artilharia, o brigadeiro português Manoel Joaquim Barbosa de

Castro dá voz de prisão ao capitão José de Barros Lima, o Leão Coroado, no dia 6 de março de 1817. Em reação, o Leão atravessa sua espada contra o corpo do português. O sangue derramado deflagra a tomada de poder. A revolução se espalha pelas ruas da Vila de Santo Antônio do Recife, nas quais outros vinte corpos tombam mortos. Os revolucionários ocupam o quartel, impedindo o avanço das tropas monarquistas. Acuado, o governador se refugia no Forte do Brum, onde acaba cercado e preso. Os revolucionários confiscam armas, propriedade e navios, decretam o fim dos impostos e organizam a nova ordem republicana e liberal. Mas, a exemplo dos Estados Unidos, era fundamental irradiar o movimento.

O sertanejo José Martiniano Pereira de Alencar, criado no vale do Cariri junto à verdejante chapada do Araripe, era o patriota perfeito para a missão. Além de muito inteligente, possuía íntimas relações com duas figuras centrais na hierarquia de poder da Vila do Crato: o vigário-geral Miguel Carlos da Silva Saldanha e o capitão-mor José Pereira Filgueiras. Essas boas relações haviam sido herdadas. Martiniano era um Alencar, filho caçula de dona Bárbara de Alencar, quem, nas palavras do escritor Lira Neto: "exercia ali uma espécie de matriarcado caboclo, numa terra em que a lei era ditada pela lâmina gélida dos punhais e pelo chumbo quente dos bacamartes."[1]

Alta e forte, Bárbara de Alencar é filha de mãe indígena e pai português. Os primeiros desbravadores da região do Cariri, onde se encontra a vila do Crato, eram seus ascendentes, que deixaram o Minho para fundar a cidade de Exu, em Pernambuco, no ano de 1709. Bandeirantes, seu avô e parentes se estabeleceram em solo árido, maltratado por muitas secas e poucas oportunidades, mas prosperaram com o cultivo do gado, algodão e cana-de-açúcar. A família começou a adquirir propriedades no interior de Pernambuco e estendeu seus domínios até o Ceará, conquistando grande influência a seiscentos quilômetros do poder local – situado na oceânica Olinda –, numa região na qual negros, indígenas, pardos, mamelucos e brancos eram deixados à própria sorte, em meio a enorme instabilidade e violência. Próximos da população, a família Alencar se firmou como uma liderança política no Cariri. Filha de Joaquim Pereira de Alencar e Theodora Rodrigues da Conceição, Bárbara nasceu em 11 de fevereiro de 1760.

Batizada em homenagem a Santa Bárbara, ainda bebê ela sobreviveu ao ataque de indígenas Açus à fazenda Caiçara, em Exu, de propriedade de sua família. A casa de taipa foi incendiada, mas a pequena Bárbara conseguiu ser resgatada para fugir nos braços da mãe. Os Alencar derrotaram os indígenas e no lugar da antiga tapera, ergueu-se uma sólida casa de pedra, "com paredes colossais, resistentes ao fogo, à bala e até, ao próprio tempo, a fim de que servisse de testemunha secular às gerações vindouras".[2] A resistência da nova casa remete à resistência da própria Bárbara, formando uma espécie de mito fundacional, no qual, desde o nascimento, ela é descrita como uma sobrevivente.

Vinte e dois anos depois deste episódio, Bárbara se casa com um homem escolhido por ela, a contragosto de seus pais: o português comerciante de tecidos José Gonçalves, cujo apelido era "surubim-pintado". E, embora Gonçalves fosse trinta anos mais velho, ao seu lado Bárbara teve agência o suficiente para ser considerada uma "mulher-macho". O casal então se muda para o sítio Pau Seco, propriedade comprada por ela a dez quilômetros da entrada da vila do Crato. Segundo a descrição de Ariadne Araújo: "a casa é um grande prédio, de feição sertaneja, com varandas na frente. Além da casa de engenho, aqui e ali as casas dos escravos casados.

O brejo, todo plantado de cana e arroz, é regado pelo rio Batateiras, que desce das fontes da serra do Araripe. Ao longe, a famosa Chapada".[3] É nessa propriedade que Bárbara de Alencar se dedica aos afazeres domésticos, cria os cinco filhos, cuida do pai já velho e doente, e também administra o engenho de cachaça e rapadura da família. Inventa de empreender e produzir tachos contra a vontade do marido. Constrói a primeira casa da região em estilo colonial, feita em pedra e cal, pelas mãos de um mestre-pedreiro oriundo de Recife, na rua principal da vila do Crato, quase vizinha à igreja.

Aos 32 anos, Bárbara de Alencar tem sua vida transformada ao conhecer o naturalista Manoel de Arruda Câmara e, com ele, aprender sobre botânica e outras coisas mais perigosas que a urtiga brava: as ideias de Voltaire, Montesquieu e Rousseau. Considerado o líder espiritual da Revolução de 1817, Arruda encontra na amiga uma força propulsora ao movimento. Três anos depois, quando, em 1800, é fundado o Seminário de Nossa Senhora da Graça, onde rezava-se, além dos salmos, a cartilha iluminista, é lá que Bárbara de Alencar matricula dois de seus filhos, José Carlos e o caçula José Martiniano. O Seminário de Olinda, como ficou conhecido, tornou-se a instituição de ensino mais inovadora do período colonial e funcionou como polo irradiador das ideias do Iluminismo em Pernambuco e no Nordeste – as quais eram disseminadas pelos padres em viagem pelo interior praticando a catequese ou transmitidas nas paróquias. No Seminário, Martiniano ingressa na Academia do Paraíso, uma escola de desenho na fachada, mas maçonaria republicana na essência. É lá que, segundo Lira Neto, "milita o jovem cearense de testa larga e rosto quadrado, seminarista com fé em Deus e mais ainda na Revolução, dado a eventuais namoricos e a rabiscar ardentes versos de amor".[4]

Em 1809, Martiniano perde o pai e Bárbara o esposo. Viúva, ela finalmente pode ocupar um lugar destacado entre as matriarcas do sertão. A pesquisadora Kelyane Sousa explica:

> Essas mulheres exerciam o poder de mando na região, organizando as atividades no ambiente doméstico, mas o que vem a se tornar sua principal característica é o fato de influenciarem as relações econômicas, políticas e culturais da região em que viviam, junto com os filhos, escravos e outros sujeitos que tivessem uma relação de proximidade e ocupassem posições de poder, em sua maioria, clérigos, cientistas e políticos.[5]

Em sua carta-testamento, datada de 1810, Manoel de Arruda Câmara recomendaria o título de heroína a Bárbara de Alencar – sete anos antes da revolução explodir no Ceará, liderada por seu filho Martiniano, alguém nutrido por ela, nas ideias e nos afetos.

Revolução em família

Após percorrer mais de novecentos quilômetros no lombo de um cavalo, durante cerca de quarenta dias, Martiniano bate à porta da casa de sua mãe, no sítio Pau Seco, na noite de 29 de abril de 1817. Era chegado o momento tão aguardado por Bárbara. E agora, aos 57 anos, com a pele marcada pelo Sol, ela faria o que nenhuma mulher branca, rica e poderosa havia feito até então: iria para o *front*, ao lado de seus filhos, familiares e tantos outros combatentes, todos homens. Engrossaria as fileiras, mas não só: lideraria o Crato na luta contra o autoritarismo da Coroa Portuguesa. Sua bandeira era liberal e republicana. Inimiga declarada do rei, Bárbara sabia que o crime de lesa-majestade poderia ser punido com pena de morte, infâmia da família e confisco dos bens. No entanto, suas convicções eram muito maiores que seus medos.

Na manhã seguinte, as articulações políticas em prol da tomada de poder começam a ser urdidas. O primeiro movimento de Martiniano é ir até o sítio Pontal, onde vivia o vigário-geral do Crato, Miguel Carlos da Silva Saldanha, seu padrinho de crisma. Martiniano apresenta o panorama da situação em Recife e calcula os próximos passos. Saldanha convoca outros correligionários que chegam ao correr das horas. Juntos, tomam a decisão: o plano seria posto em prática em dois dias, num domingo, depois da celebração da festa de Santa Cruz na igreja da Matriz.

Localizada bem no centro da Vila do Crato, a igreja da Matriz ficava ao lado da casa construída por Bárbara. Seus ritos dominicais reuniam da plebe aos poderosos. Naquela manhã amena do dia 3 de abril de 1817, Bárbara de Alencar e José Martiniano devem ter acordado cedo, sentindo-se ao mesmo tempo agitados e sóbrios, cientes da enorme responsabilidade que tinham sobre os ombros. Martiniano veste a batina, "disposto a rebater a crença popular de que a causa republicana era obra de maçons mancomunados com demônios"[6]. Tristão Gonçalves de Alencar e o padre Carlos José dos Santos, também filhos de Bárbara, saem de casa junto à mãe e ao irmão. Unida, a família adentra a igreja para ocupar os bancos da frente. Depois da preleção do pároco, Martiniano se levanta e caminha até o púlpito. Ostentando o crucifixo, o filho da heroína do Crato lê um dos textos-símbolo da revolução em Pernambuco, o "Preciso". Escrito pelo advogado Mendonça, membro do Governo Provisório de Pernambuco, o "Preciso" narrava os acontecimentos da ocupação de Recife ocorridos semanas antes. Os fatos eram grandiloquentes, as tintas da pena de Mendonça carregavam suas palavras de revolta e heroísmo. Ao término da leitura, Martiniano levanta os olhos sob aplausos entusiasmados e conclama seus conterrâneos a apoiar a Revolução, a defender a importância da República e da independência provincial, pois era lá que repousava a liberdade do povo. Os abusos da Corte no Rio de Janeiro e seus altos impostos deveriam chegar ao fim. A febre da liberdade toma a igreja, sobe até as torres altas nas quais os sinos são tocados. Martiniano então proclama a Independência da vila com relação a Portugal e instala a República do Jasmin, nome de uma propriedade de Bárbara. Aclamado, Martiniano e Bárbara de Alencar lideram o povo, que sai exaltado pelas ruas, dando vivas à República, à pátria e à liberdade, entre tiros de bacamarte.

Os Alencar então conduzem a multidão até a casa de Câmara da Vila do Crato, onde seus membros oficiais – juízes ordinários, vereadores e escrivães – são destituídos para gente da confiança dos revolucionários ser empossada. Uma ata oficializando a República do Jasmim é lavrada. Na nova ordem, os presos são soltos e recebem armas para lutar ao lado dos republicanos. O Sol está a pino quando a bandeira branca, marca dos patriotas, é hasteada.

O dia seguinte começa antes do Sol raiar na casa de Bárbara de Alencar, quando três galinhas são degoladas e depenadas. Uma delas seria servida à noite, misturada ao arroz. As outras duas são assadas para serem comidas junto aos quatro quilos de carne salgada, no que ficou conhecido como o jantar da liberdade, oferecido por Bárbara em homenagem à revolução. Entre os presentes, além da anfitriã e seus filhos, estavam outros revolucionários e o capitão-mor da Vila do Crato, José Pereira Filgueiras, homem venerado pelos filhos daquela terra. Segundo o escritor Heitor Feitosa de Macêdo: "diz-se que o clima foi tenso e com tímido diálogo, havendo muita sobriedade, inclusive no que tange ao brinde da comemoração, pois, das duas garrafas de vinho postas sobre a mesa, beberam apenas a metade de uma destas".[7]

Os pratos e talheres do jantar da liberdade mal tinham sido lavados quando a contrarrevolução já começava a ser arquitetada pelos monarquistas. Seu sucesso dependia do apoio de uma figura estratégica: Filgueiras. Amigo íntimo da família Alencar e do vigário Saldanha, o capitão-mor vinha mantendo neutralidade desde o dia da deflagração do movimento. Os realistas sabiam que quem cativasse sua simpatia tenderia a ser vitorioso. O momento era de incertezas. A revolução que agitou o Nordeste do Brasil fez o Ceará ser tomado pelo caos. Na maioria dos combates, era difícil precisar qual lado havia levado a melhor. No rastro deste vácuo, o líder mais exaltado da contrarrevolução, o coronel Leandro Bezerra, cresce. Ele se aproxima de Filgueiras para recordar ao amigo que suas quase seis décadas de vida deveriam lhe dar maturidade o suficiente para não embarcar numa aventura política de final sangrento. As informações sobre os conflitos viajavam no lombo de animais, de forma lenta e cevada por boatos. Era impossível medir a temperatura real do embate entre a revolução e a contrarrevolução. E, na obscuridade, vicejava o medo. Para manter sua neutralidade, Filgueiras precisaria de convicções que ele não possuía.

Se no Recife a glória republicana durou 75 dias, sua vida no Crato foi bem mais curta. Em oito dias chegaria a restauração, descreve Macêdo:

> Filgueiras, a toque de caixa e tiros de bacamarte, reuniu numerosa tropa e seguiu para o Crato na companhia do coronel, Leandro Bezerra Monteiro, onde apearam no alto do Barro Vermelho (tope da atual ladeira Duque de Caxias), hasteando a bandeira real. A cena abala fortemente a maioria dos 'revolucionários', que, ao tomar conhecimento de que Filgueiras liderava a tropa prestes a invadir a vila, meteu o pé na carreira, permanecendo

no local pouca gente na hora da restauração. Além de seus irmãos, José Martiniano de Alencar permanece sofregamente no lugar, munido de uma faca, que logo lhe foi tomada no ato da prisão. Já na Vila de Jardim, a restauração independe de qualquer esforço dos monarquistas, pois os patriotas fogem às pressas ao saber desta notícia. No dia 11 de maio, a revolução é contida e seus membros são presos.[8]

Bárbara de Alencar se apressa em esconder seu dinheiro e fugir com alguns pertences. É acolhida no sítio Miranda, de propriedade de uma antiga inimiga, Dona Mathilde Teles. Em companhia do vigário Saldanha e do escravizado forro Jerônimo de Abreu, ela segue viagem até Barbalha, em Pernambuco, onde ficaria escondida no sítio Lambedor, que pertencera ao seu bisavô. Após dois dias, o trio é cercado. A Coroa ainda confisca diversas propriedades da família Alencar. Prevendo o pior, Dona Mathilde realiza uma queima de arquivo: os Proclamas, os Decretos e a Ata assinada por todos os presentes àquela sessão viram pó. É possível que, durante a queima, outros materiais da autoria de Bárbara, como correspondências entre ela, os filhos, Arruda Câmara e outros ilustrados pernambucanos, tenham se perdido, diminuindo a força de seu testemunho no tempo.

Além de presa pelo envolvimento e pela liderança da revolução, Bárbara ainda é acusada de amasia devido a sua amizade com o padre Saldanha. Havia boatos que José Martiniano seria, na verdade, filho do padre, e não do companheiro de Bárbara. Embora o adultério masculino fosse considerado normal, era crime gravíssimo se uma mulher o cometesse. A acusação (para muitos, infundada) tinha, portanto, o objetivo claro de difamar a única mulher a participar da Revolução e macular sua memória entre os viventes e as futuras gerações. É digno de nota que essa estratégia seria usada, aprimorada e reutilizada muitas vezes nos séculos seguintes, até ser lida e compreendida pelas teóricas feministas como o que é: violência política de gênero –[9] método cujo objetivo é retirar as mulheres da cena pública por meio de inúmeras formas de violência, entre elas a difamação por estereótipos de gênero. Bárbara não se conformou em atuar no ambiente doméstico, nem se deixou confinar no silêncio. Se até o momento de sua prisão a eventualidade da presença de outras mulheres na cena pública havia sido enfrentada com o silêncio e o esquecimento, no seu caso era impossível eliminar os vestígios de sua presença e recolhê-la à obscuridade. Bárbara de Alencar estava lá. Ela deu forma às suas aspirações e voz ao seu desejo na cena pública. Era impossível retirá-la do acontecimento político. Esta originalidade engendra inúmeras consequências. A aparição pioneira de Bárbara traz, em seu bojo, a própria gênese da estratégia que levaria tantas mulheres a se afastarem (ou serem afastadas) desta mesma cena pública. Bárbara de Alencar é, a um só tempo, a primeira mulher a disputar a arena política e a primeira vítima da violência política de gênero no Brasil. A primeira líder revolucionária e a primeira mulher a ser presa no Brasil graças às suas ações e convicções políticas. O pioneirismo do caso cria um problema para a Coroa: o que fazer com Bárbara de Alencar?

Castigada e humilhada

Entre os 41 presos políticos no episódio de 1817, Bárbara de Alencar é a única mulher. Os "infames cabeças" só viajam sob a luz do Sol por questões de segurança e para servir de exemplo. Anunciados por arautos, o grupo desfila com vagar pelas vilas agrestes, onde a população local, descalça e desgraçada, se junta para ver e insultar os inimigos do rei, que estão presos pelo pescoço com correntes ligadas à barriga dos cavalos. À frente do cortejo, pardos com espingardas. Na retaguarda, indígenas com arco e flecha. Ao centro, a matriarca do sertão viaja vestida apenas de saia e camisa – o traje das escravizadas. A resposta ao problema criado por Bárbara de Alencar começava a ser dada: se não era possível escondê-la, a solução seria expor e humilhar aquela mulher.

Na cidade de Icó, para onde os prisioneiros são levados num primeiro momento, forjou-se um poço em que um capitão local teria tido a ideia de colocar uma placa comemorativa, como uma lápide, na qual se lia: "aqui gemeu longos dias Bárbara de Alencar, vítima em 1817 da tirania do governador Sampaio". O poço que levou fama como o lugar de sua prisão seria, na verdade, um paiol. Mas o gesto do capitão evidencia o ódio que a atuação desta mulher revolucionária desencadeou em homens defensores da Coroa e do patriarcado. Se não era possível retirar Bárbara de Alencar do acontecimento político, era preciso aviltá-la.

Na masmorra do antigo quartel da primeira linha, em Fortaleza, os presos permanecem com os punhos acorrentados aos porões do calabouço. São alimentados apenas com tripa cozida ou intestinos de boi e farinha seca de mandioca. No roçar das pesadas correntes de ferro com a pele, logo começam a surgir os primeiros ferimentos. As roupas são as mesmas desde que saíram do Crato, e estão sujas e esfarrapadas. Nos cabelos, imundos e malcheirosos, os piolhos proliferam. Sem banheiro, as necessidades são feitas dentro da masmorra escura e úmida. Bárbara é confinada sozinha, sob a ordem de que ninguém se comunique com ela, podendo os oficiais falarem-lhe apenas a uma distância de dez passos. Se não era possível extinguir a presença de Bárbara de Alencar do acontecimento político, era preciso torturá-la.

Ao ocaso dos dias no purgatório, os gemidos aumentam em intensidade e dor. Sozinha, Bárbara ouve seus companheiros, familiares, filhos. Na tentativa de qualquer melhora nas condições, Bárbara atira um cordão de ouro – o único que restou após o confisco de seus bens – para um sargento em troca de roupas novas para todos. A artimanha é descoberta. O sargento acaba preso, rebaixado de posto. A vigilância é redobrada. José Martiniano escreve versos ao governador, implorando sua piedade. A humilhação é vã. O desespero da família Alencar é tamanho que, Tristão, o mais aguerrido entre os filhos de Bárbara, se fura com um espinho e, no papel de enrolar fumo, escreve um bilhete com o sangue. Das mãos do escravizado forro Jerônimo de Abreu, preso junto com Bárbara no sítio Lambedor, a matriarca recebe o bilhete com o plano de fuga do filho: durante a distribuição de alimentos iria render a guarda. Diante da insânia, Bárbara toma as rédeas da situação. Pede à guarda que envie o bilhete ao governador, como prova do abandono e das péssimas condições às quais estavam submetidos. Diante do fato de uma filha das elites locais estar sendo torturada, o governador autoriza a transferência dos prisioneiros para um local mais arejado, permitindo que tomem banho e troquem de roupa.

Depois de oito meses nas masmorras do Ceará, os "infames cabeças" saem de suas celas e, sob escolta, são levados até o porto de Fortaleza. Entre os integrantes do grupo, magros e maltrapilhos, Bárbara é apresentada à multidão vestindo apenas um camisolão igual ao de uma mulher escravizada. Seu constrangimento é tamanho que, no caminho até o embarque, uma mulher negra lhe joga um xale para que ela se cubra. O navio parte rumo ao Recife. Na curta viagem, o tratamento segue o mesmo padrão desumano: a comida é propositalmente salgada para dar-lhes sede e, ao pedirem água, recebem um líquido gorduroso de carne e peixe.

Somente em janeiro de 1818 ocorre o julgamento dos conjurados, acusados de resistência à prisão, traição e rebeldia. Sob Bárbara pesam acusações marcadas pelo viés de gênero, de

> ter se oposto francamente ao intento do filho; ter, por ordem deste, queimado papéis comprometedores; de dizer, em conversas, que ele não haveria de ser rei e dizendo-se rainha; de afirmar que o ouvidor André Alves era um tolo por não aceitar os benefícios de seus filhos; que não havia quem os prendesse; de levar a mal que a testemunho (que contra eles depôs) se dispusessem pela restauração e, finalmente, de ter mandado pagar o que devia no cofre dos ausentes para dar exemplo aos rebeldes.

Ora, a mulher presa política cujo crime é opor-se ao filho, se dizer rainha e chamar uma autoridade de tola não somente rompe com o papel tradicional que deveria desempenhar mas, sobretudo, está capturada em outra rede dos estereótipos de gênero: aquela da "malícia de toda mulher" – muito aquém, portanto, da guerreira, intelectual e articuladora que Bárbara de Alencar de fato foi. Juntas, essas peças colocaram em movimento uma máquina vexatória cujo objetivo era forjar um testemunho ao tempo, avesso àquele sugerido pelo pai espiritual da Revolução de 17, em que Bárbara resplandece como "a revolucionária do Crato".

Uma vez condenados, os "infames cabeças" são transferidos para o calabouço de Salvador, onde boa parte dos revoltosos de toda a região Nordeste se concentrava. Enfraquecidos pelos maus-tratos, Bárbara e sua família devem ter chegado irreconhecíveis. Depois de três anos presos, a morosidade da justiça sobreposta ao rigor dos tribunais eclipsava qualquer luz no fim do túnel. Parte da aflição dos presidiários é amenizada quando o então governador da capitania da Bahia, Francisco de Assis

Mascarenhas transforma o cárcere em escola, com aulas das mais variadas disciplinas. Mas o que de fato fará a diferença é um lance de sorte: a eclosão, ao Norte de Portugal, da revolução do Porto. De caráter liberal, os rebeldes patrícios exigem a instalação de assembleias legislativas – as Cortes –, para garantir direitos individuais além de maior controle sobre a monarquia. Pressionado, em 17 de novembro de 1820, d. João VI decreta a anistia dos presos políticos no território brasileiro. E Bárbara de Alencar, a precursora da Independência e da República em nossa pátria, pode voltar a ver a luz do Sol.

Novos combates

A matriarca do sertão retorna ao Crato empobrecida, quase quatro anos mais velha e sob a alcunha de traidora da pátria. Se a vida de Bárbara de Alencar havia mudado, a da vila também. Veludo e cetim trazidos da Ásia e dos Estados Unidos agora vestiam as senhoras. As poucas casas dos mais endinheirados ostentavam grades e janelas de vidro. O antigo sítio Pau Seco continuava o mesmo, mas pertencia ao padre Francisco Gonçalves Martins, um dos principais acusadores da revolucionária do Crato.

O sítio fora arrematado em um leilão, de forma legal. Todavia, Bárbara entra em campanha para recuperar seus bens e propriedades. Para tanto, como primeira providência move uma ação reivindicando o sítio Pau Seco. Diante dos limites legais à investida, Tristão Gonçalves, seu filho mais aguerrido, lidera dez homens em um ataque à antiga residência da mãe sob gritos e ameaças de morte ao novo proprietário. "O incidente provocou ódios e intrigas que até hoje são comentários polêmicos quando o assunto é a família Alencar."[10]

Mas se era preciso resiliência para reaver o que um dia fora da família, havia um ativo dos Alencar difícil de pôr abaixo: o capital político. Ainda em 1820, o recém-anistiado José Martiniano trocaria a umidade do calabouço pelo assento como deputado na arena pública das Cortes de Lisboa – a assembleia realizada com o objetivo de escrever a primeira Constituição moderna do Reino de Portugal, Brasil e Algarve. O nobre convite logo se revela uma arapuca, como destaca Lira Neto: "Tratados como representantes de uma 'terra de macacos, de bananas e de negrinhos apanhados na Costa da África', eram hostilizados e vaiados em plenário. A maioria dos deputados brasileiros, entre os quais Martiniano, recusou-se a assinar a constituição que nascera daquele festival de represálias".[11] Martiniano deixa Lisboa rumo ao exílio em Londres, já que a situação política em sua terra natal permanecia instável. No entanto, sua derrota pontual contribuiria para outras vitórias por vir.

É do pesquisador Luís da Câmara Cascudo a frase "A Revolução Republicana de 1817 foi a mais linda, inesquecível e inútil das revoluções brasileiras". Se os revoltosos de 17 não viram realizadas suas ambições, ao menos fizeram a roda da história girar. A flecha da liberdade, lançada por eles, começaria a se aproximar do alvo em 1822. A notícia da independência, proclamada em 7 de setembro, chega no Crato apenas dois meses e dez dias depois. Radicado na Europa, José Martiniano desembarca no Brasil, novamente eleito deputado, agora para redigir a primeira Constituição brasileira, em 1823. "Após tantos reveses", comenta Lira Neto na biografia do escritor e político José de Alencar, filho de Martiniano e neto de Bárbara: "a influência, a fortuna e o curral político da família Alencar pareciam ter sido recuperados. Afinal, Martiniano havia ganho a eleição sem fazer a mínima força. Sem ao menos, precisar pôr os pés no Brasil".[12]

O liberalismo da Constituinte dura pouco e, ao fim do ano de 1823, d. Pedro I extingue os esforços que mal haviam começado, assumindo para si o trabalho de outorgar uma Constituição ao Brasil. Alguns parlamentares são presos, Martiniano entre eles – mas acaba solto em seguida e retorna ao Ceará. Os patriotas, como eram chamados os libertários de 17, acreditavam que a Independência do Brasil tinha que ser feita a partir da República, e não do Imperador. E, claro, os Alencar, estavam entre eles.

É nessa terra em polvorosa que Martiniano chega para organizar, junto com Tristão Gonçalves e outros de seus familiares, a insurreição armada. Ainda em 1823, os filhos de Bárbara se unem ao capitão-mor Pereira Filgueiras, o mesmo que os havia traído em 1817, para recomeçar a propagação de ideias republicanas. Mesmo com a saúde debilitada em função do longo cárcere, a matriarca dá aos filhos e ao movimento todos os subsídios, apoiando-os moral e financeiramente, já que havia conseguido recuperar boa parte de seus bens e propriedades. Quando d. Pedro outorga a Constituição, os pernambucanos resolvem não aceitá-la. Em 28 de abril de 1824, os revolucionários ocupam Fortaleza e Tristão é eleito Presidente Temporário do Ceará, proclamando mais uma vez a República. O movimento se alastra: de Pernambuco, vai parar no Piauí, no Rio Grande do Norte, em Alagoas, Sergipe, na Paraíba e, claro, de volta ao Ceará – onde, em 26 de agosto de 1824, é criada a Confederação do Equador.

Durante a Confederação, Bárbara de Alencar se exila no sítio Touro, sua propriedade no Piauí. O movimento, liderado por Frei Caneca, enfrenta dura repressão. Em 12 de setembro de 1824, Recife é bombardeada pelas esquadras do mercenário de guerra, Lorde Cochrane, oficial naval inglês que assumira a Armada Imperial Brasileira a serviço de d. Pedro I. Os confederados são derrotados na capital e dezenas de pessoas são presas. Frei Caneca tenta reagrupar as tropas de todo o Norte no lugar de máxima radicalidade: o Vale do Cariri (onde, em 9 de janeiro de 1824, os vereadores da vila de Campo Maior, na Comarca do Crato – hoje a cidade de Quixeramobim –, haviam rompido com o Império: reuniram a população, proclamaram a República e declararam d. Pedro destronado). Cochrane ameaça apontar seus canhões para Fortaleza caso não haja rendição imediata. Parte dos rebeldes se entrega, mas entre os resistentes está Tristão. No início de 1825, após julgamento sumário, onze revolucionários recebem do Império a pena de morte, entre eles, Frei Caneca, condenado à forca. Contudo, nenhum carrasco se dispõe a cumprir a sentença. Frei Caneca é fuzilado a tiros de arcabuz em 13 de janeiro de 1825 na fortaleza das Cinco Pontas, no Recife. Debelado o movimento, Tristão tem duas alternativas: exilar-se no exterior ou morrer lutando. Escolhe a última. Tomba em combate, em 30 de outubro de 1825, tendo o cadáver mutilado.

Para Bárbara, resta um sabor amargo. A República não foi instaurada e, seus dois filhos, Tristão e Carlos José, acabaram assassinados, assim como seu irmão Leonel Pereira de Alencar e outros dez familiares, duramente perseguidos na repressão à Confederação. José Martiniano se salva ao escrever uma longa carta alegando inocência e pedindo perdão ao Imperador – que concede, já que prefere tê-lo como aliado. Ele viaja ao Rio de Janeiro enquanto Bárbara permanece no Nordeste, onde ainda enfrentaria mais uma nova onda de perseguição, em 1931, ao eclodir no Crato a Revolta de Pinto Madeira, de cunho monarquista, obrigando-a a se mudar para o Piauí, sob proteção militar do general Manoel de Souza Martins. No ano seguinte, em 28 de agosto de 1832, aos 67 anos, Bárbara de Alencar falece em uma de suas propriedades, a fazenda Alecrim, no Piauí, poucos meses antes do filho caçula, José Martiniano, se tornar senador vitalício.

A mulher pioneira, que rompeu com padrões de gênero de sua época, entrou no imaginário popular cearense como guerreira e mãe da independência. Na memória do povo sertanejo, tornou-se a primeira mulher a presidir uma república independente no Brasil. Seus descendentes carregaram sua ousadia e coragem política através de gerações. E, quando o Brasil enfim se tornou República, Bárbara de Alencar estava lá. Quando a primeira mulher foi eleita a um cargo político, Bárbara de Alencar estava lá. A luta que a heroína do Crato encampou contra a opressão continuaria viva ao longo do tempo, e permanece até os dias de hoje. Afinal, em qualquer lugar em que houver tirania e autoritarismo, vão haver muitas Bárbaras a lutar por liberdade.

NOTAS

1. L. Neto, *O inimigo do rei*, 2006, p. 34.

2. R. Gaspar, *Bárbara de Alencar: a guerreira do Brasil*, 2001, p. 73.

3. A. Araújo, *Bárbara de Alencar*, 2017, p. 17.

4. L. Neto, op. cit., p. 32.

5. K. da S. de Souza, *Bárbara de Alencar: relações de gênero e poder no Cariri Cearense*, 2015, p. 63.

6. L. Neto, op. cit., p. 35.

7. H. F. Macêdo, *Os 200 anos da Revolução Pernambucana no Cariri Cearense*, 2017, p. 106.

8. H. F. Macêdo, ibid., p. 109.

9. Se as mulheres políticas são atacadas apenas por suas ideias políticas, não se trata somente de um caso de violência contra as mulheres na política. No entanto, a ambiguidade torna-se evidente quando a forma de atacá-las é por meio do uso de estereótipos de gênero, com foco em seus corpos e papéis tradicionais, principalmente como mães e esposas, que negam ou prejudicam sua competência na esfera política. Usar imagens ou estereótipos de gênero para atacar oponentes do sexo feminino transforma as ações em um caso de violência contra as mulheres na política, pois sugere que as mulheres não pertencem a tal esfera. Essas ações têm um impacto profundo, pois não são direcionadas contra uma única mulher, mas também têm o objetivo de intimidar outras mulheres políticas, de dissuadi-las a considerar uma carreira política e, pior, pretendem comunicar à sociedade em geral que as mulheres não devem participar dessa esfera pública. Ver M. L. Krook; J. Sanín, "Género y violencia po-

lítica en América Latina. Conceptos, debates y soluciones", *Política y gobierno*, v. 23, n.1, Ciudad de México, jan/jun, 2016., 2016.

10. A. Araújo, *Bárbara de Alencar*, 2017, p. 33.

11. L. Neto, op. cit., p. 38.

12. L. Neto, ibid.

LAMENTOS E LUTAS DE URÂNIA VANÉRIO NA INDEPENDÊNCIA DO BRASIL

Patrícia Valim

Nas primeiras décadas do século XIX, as províncias do Brasil contavam com um contingente imenso de homens e mulheres negros e pardos, escravizados e livres, lutando por suas liberdades e melhores condições de vida. Também havia um número considerável de funcionários régios, comerciantes e negociantes com articulações econômicas e políticas muito mais ligadas a Portugal do que ao Rio de Janeiro que, com a interiorização da coroa portuguesa, passou a atuar como metrópole com relação aos poderes locais das demais províncias do território brasileiro.[1] Isso significa que, para além da luta contra o domínio colonial português, milhares de homens e mulheres das várias províncias elaboraram projetos políticos de futuro alternativos à política centralizadora e autoritária de d. Pedro I sediado no Rio de Janeiro, deflagrando conflitos sangrentos os quais envolviam as províncias do Norte – Maranhão e Grão-Pará –, do Nordeste – Bahia, Piauí, Ceará, Sergipe –, do Centro-Oeste – Mato Grosso – e do Sul, com a anexação da Cisplatina.

As guerras pela Independência política do Brasil travadas nas várias províncias durante o conflituoso período recrudescido a partir de fevereiro de 1822, na Bahia, passando pelas margens do riacho do Ipiranga, em 7 de setembro de 1822, até o reconhecimento externo da independência política em 1825 – "A Outra Independência" nos termos de Evaldo Cabral de Mello[2] – foram profundamente silenciadas na chamada história nacional. Este silenciamento se deu sobretudo no conteúdo dos livros didáticos de história produzidos no eixo Rio de Janeiro-São Paulo, distribuídos pelo Estado brasileiro e consumidos por crianças, adolescentes e adultos do Oiapoque ao Chuí. As lutas de homens e mulheres travadas na Inconfidência Mineira (1789), na Inconfidência Carioca (1794), na Conjuração Baiana (1798) e na Revolução Pernambucana (1817) são encadeadas, segundo os livros didáticos, em um crescendo de tomada de consciência da condição colonial que foi a cadência desses movimentos políticos que culminaram no grito do Ipiranga pelo herdeiro da coroa portuguesa, d. Pedro I, e pelos ecos de seus apoiadores.[3]

Ainda que essas revoltas façam parte do repertório de eventos que compõem a nossa história nacional, cumpre destacar que elas são narradas a partir da violenta repressão de seus líderes: a maioria homens livres, pobres e negros que foram enforcados, tiveram seus corpos esquartejados em praça pública e cujos descendentes foram condenados ao silêncio por muitas gerações. Ao destacar a repressão em vez da luta por direitos e dos projetos elaborados por esses homens e mulheres contra todo tipo de desigualdades de uma sociedade escravista e patriarcal, o conteúdo histórico dos livros didáticos ensinava para milhões de jovens e adultos que a política é o universo privilegiado dos chamados "homens bons", e que lutar por direitos no Brasil pode custar a própria vida.[4]

No entanto, essa não é a única morte da qual setores populares são vítimas por fazerem política, pois a morte simbólica por meio de silenciamento histórico ocorre no âmbito do apagamento do protagonismo das classes populares na história nacional[5] e é ainda mais radical com relação às mulheres que se engajaram politicamente, questionaram seus lugares sociais, romperam com as opressões patriarcais e foram protagonistas em vários conflitos durante a Independência do Brasil e sua própria história.

Esse processo de apagamento pode ocorrer de duas formas: a primeira delas é esvaziar as lutas das mulheres do tempo ido, ligando-as ao protagonismo de homens com os quais tiveram algum laço familiar ou afetivo. Maria Leopoldina, por exemplo, ficou conhecida como a mulher traída de d. Pedro I, quando a documentação demonstra que ela foi uma grande articuladora política.[6] Destino parecido teve Domitila de Castro do Canto e Melo, a Marquesa de Santos, que entrou para a história como a amante de d. Pedro I, quando, na verdade, era uma das maiores articuladoras políticas da Corte.[7]

A outra forma de silenciamento do protagonismo das mulheres na história por meio da masculinização. Até hoje, Maria Quitéria de Jesus tem seu nome grafado como Maria Quitéria de Medeiros,[8] cujo sobrenome pertence ao cunhado, o soldado Medeiros, de quem ela tomou a identidade e o uniforme para se alistar no Batalhão dos Periquitos durante as lutas pela independência na Bahia.[9] Essas estratégias de apagamento, no entanto, não escondem o fato de que as mulheres no Brasil sempre se interessaram por assuntos da vida pública e lutaram pelo direito de participação e de fazer política.

Lutas e estratégias pela Independência

Para se ter uma ideia da proporção das lutas armadas travadas no processo da Independência do Brasil até o seu reconhecimento internacional em 1825, no qual centenas de mulheres se envolveram, tivemos ao longo desse período a Revolução Pernambucana de 1817, a Revolta do Quilombo do Catucá em 1818 (Recife), motins militares a favor da Constituição Portuguesa em Porto Alegre e no Rio de Janeiro (1821), Rebelião dos "Cerca-Igrejas" em 1821 (Crato/PE), a Guerra do Jenipapo em outubro de 1822 (Piauí), a Batalha de Pirajá em 1822 (Bahia); manifestações de indígenas em 1823 (Piauí e Pernambuco), a Pedrosada em Recife (1823), a Confederação do Equador em 1824 (Pernambuco) e a Revolta dos Periquitos em 1824 (Bahia).[10]

A questão central das mulheres e homens envolvidos nesses conflitos não era apenas discutir a união ou a separação de Portugal, mas elaborar um modelo constitucional que prolongasse os privilégios dos poderosos locais. Ao mesmo tempo, milhares de mulheres e homens livres, escravizados, pobres e pardos viram nessas lutas a possibilidade de conquistar cidadania e direitos.[11] Considerando que apenas uma ínfima parte da população tinha acesso à educação formal, outra importante forma de engajamento político ocorreu na esfera pública por meio de centenas de periódicos, manifestos e panfletos afixados em locais de grande circulação de pessoas nas cidades, e que também eram lidos em voz alta nas tabernas, nos teatros, nos prostíbulos, nas ruas, sempre com o objetivo de mobilizar amplos setores da sociedade para uma causa específica, como a Independência do Brasil.[12]

Os panfletos eram um tipo de comunicação muito mais barata, de circulação rápida, respeitada entre os vários setores da sociedade colonial e temida pelas autoridades, pois foram uma importante estratégia política das várias revoltas que ocorreram ao longo da exploração colonial portuguesa no Brasil. Sua escrita, no entanto, não obedecia a um roteiro específico. Eles podiam ser reivindicativos de causas coletivas e individuais, críticos, irônicos, retóricos, laudatórios, patrióticos, vigorosos, provocativos, celebratórios e *desaforentos*. O fato é que tanto a prosa como o verso foram as cadências desse tipo de escrita política.

De autoria predominantemente masculina, entre os panfletos produzidos por ocasião das lutas pela Independência do Brasil destaca-se a presença de quatro mulheres autoras nesse conjunto de publicações: uma portuguesa e três brasileiras, entre estas uma gaúcha, uma fluminense e uma baiana. O panfleto "Lamentos de uma Baiana", segundo os autores da coletânea *Guerra Literária*, é o mais "revoltado e dolorido protesto contra a ação das tropas do General Madeira de Melo, vazado em linguagem simples e direta".[13] Escrito entre os dias 19 e 21 de fevereiro de 1822, o panfleto é de autoria de uma menina de dez anos, Urânia Vanério.

A jovem revolucionária e pioneira

Não era estranho para a época que uma menina de dez anos fosse a autora de um dos principais panfletos durante o recrudescimento da luta pela independência na Bahia. Em *Sobrados e Mucambos*, Gilberto Freyre demonstra como a estrutura social do escravismo radicalizou algumas posturas com relação às crianças brancas no que se refere à precocidade em transformá-las em adultas, no geral com uma educação voltada para o casamento e a maternidade. Em meados do século XIX, por exemplo, as meninas brancas eram estimuladas ao casamento com doze, treze ou catorze anos, pois as filhas que completavam quinze anos e ainda não tinham se casado eram motivo de grande preocupação da família. A principal razão é que, para a sociedade escravista da época, uma menina branca com dezoito anos era vista como alguém com a maturidade completa.[14]

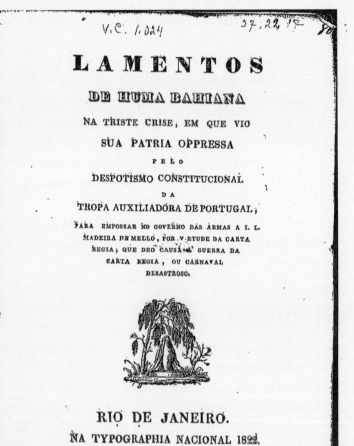

Urânia Vanério cresceu em um ambiente com muitos livros, periódicos, instrumentos musicais e muita poesia, obtendo uma educação distinta da maioria das meninas da época. Filha única do casal de portugueses Euzébio Vanério e Samoa Angélica Vanério, Urânia Vanério nasceu em 14 de dezembro de 1811, em Salvador. Desde muito cedo foi alfabetizada em vários idiomas – francês, inglês, italiano, entre outros – pela mãe, que a preparou para o mundo das letras, despertando simpatia e atenção das famílias mais ricas da sociedade soteropolitana pela beleza e por ter habilidades para o desenho, o bordado e a música. Além disso, ela demonstrava disposição para o trabalho no colégio que seus pais fundaram no atual bairro da Barroquinha, em Salvador, "Desejo da Ciência para a educação da mocidade baianense", responsável por educar gerações de baianos e instituir as aulas de comércio e o método Lancaster de educação por meio de várias publicações.[15]

Em uma casa onde se respirava educação dia e noite, não é de se admirar que essa menina de dez anos tenha se encorajado a participar de maneira tão contundente do intenso e acalorado debate político sobre a Independência do Brasil, vocalizando suas demandas pessoais e coletivas na esfera pública. Assim, da janela do seu quarto, provavelmente em uma casa nos arredores da Praça da Piedade, em Salvador, muito indignada e assustada com os mortos e feridos nas lutas entre portugueses e baianos, Urânia Vanério relatou em versos a revolta pessoal e de sua família diante dos possíveis rumos daquela guerra. Um dos primeiros versos questiona: "Há de perder-se a Bahia/ Para governar Madeira?/ Ter poderio, Excelência/ Hão de os Baianos sofrer/ Dos Lusos tanta insolência?".

Ocorre que, após o anúncio de uma nova Junta de Governo na Bahia comandada pelo brigadeiro português Madeira de

Melo, que se declarou fiel à Portugal entre os dias 10 e 11 de fevereiro de 1822, vários tumultos se alastraram nas proximidades do Forte de São Pedro, Mercês, Praça da Piedade e Campo da Pólvora, com as tropas portuguesas combatendo as tropas baianas, invadindo casas e atacando civis – "Justos Céus aonde os bens/ No dia dez proclamados?/ Serão as mortes, os roubos,/ Nestes dias perpetrados?". A situação de violência em Salvador era tal que, em 19 de fevereiro de 1822, tropas portuguesas tentaram invadir o Convento da Lapa, acreditando que soldados baianos estivessem escondidos ali. Ao tentar impedir os soldados a mando de Madeira de Melo, a abadessa sóror Joana Angélica foi morta a golpes de baioneta. Urânia Vanério ficou bastante indignada com o episódio, e escreveu: "Justos Céus, como é possível/ Ficar impune a maldade/ De monstros, que não perdoam/ Nem mesmo o sexo, ou a idade [...] Justos Céus, até manchada/ Das clausuras o recato/ Sacras virgens esmagadas/ Do marcial aparato!!/ Justos Céus, ver baionetada/ A uma idosa Regente/ De cruz alçada fugirem/ As freiras por entre a gente!!/ Justos Céus, quando os Conventos/ Foram assim insultados/ Quanto mais não sofreriam/ Os Cidadãos sossegados?".

Filha de uma família sem posses, Urânia Vanério cresceu acompanhando a luta de seus pais por reconhecimento social e econômico naquela sociedade extremamente hierarquizada pelo escravismo; situação agravada pelo sentimento antilusitano durante o acirramento das lutas pela Independência do Brasil na Bahia, que poderia complicar a vida da família. Razão pela qual Urânia Vanério criticava duramente a monarquia portuguesa e seus aliados – "Justos Céus, tal Carta Régia/ Foi a nossa desventura/ Que males não produziu/ Quantos males não augura! [...] Justos Céus, não é factível/ Possa alguém acreditar/ A troco d'uma Excelência/ Tantos desastres causar" – para em seguida suplicar em seu "Lamento": "Justos Céus, ver desterrados/ Patrícios, irmãos, parentes/ Presos, mortos e feridos/ Mil Cidadãos inocentes".

De acordo com as informações obtidas em seu necrológio, de autoria do militar e poeta Francisco Muniz Barreto, publicado no periódico *O Correio Sergipense* em 16 de janeiro de 1850, Urânia Vanério expressou seu medo em versos num momento de muita emoção pela "desgraça da pátria", com o aumento da violência das tropas portuguesas e prisões de moradores de Salvador – "Justos Céus, onde o Direito/ Pessoal, de propriedade/ Se entre nós impera/ A vil arbitrariedade [...] Justos Céus, onde o Direito/ De que sem culpa formada/ Não seria as vis prisões/ Triste vítima arrastada?" –, quando seu pai entrou em seu quarto e perguntou por que Urânia chorava, pelo que ela respondeu: "se meu pai fosse brasileiro, também chorara". Euzébio Vanério abraço-a e lhe respondeu: "teu pai sempre será brasileiro".

> Consta-nos, além disso que na idade de dez anos cantara em verso heroico a conflagração da Bahia, ou Carnaval desastroso pelas armas do general Madeira, cujos versos foram impressos no Rio de Janeiro por obséquio do sr. Angelo da Costa Ferreira.

O diálogo acima foi publicado em nota de rodapé do citado necrológio, sugerindo-nos que seu pai acompanhou de perto a escrita do panfleto, o qual também reflete um drama familiar que não era pequeno para uma menina filha de pais portugueses. O assassinato da sóror Joana Angélica acirrou os conflitos entre as tropas portuguesa e baiana, reconfigurando identidades políticas por meio de discursos patrióticos de ruptura com a antiga metrópole e com a antiga identidade. Para Sérgio Guerra Filho, esses discursos antilusitanos foram interpretados de forma radical por setores populares nascidos na Bahia, que naquele momento lutavam pelas mesmas oportunidades econômicas e políticas as quais os portugueses sempre tiveram direito na Bahia.[16] Temendo que seus pais fossem alvo de ataques mais cruéis, e de injustiças por parte das autoridades, Urânia Vanério lamentou: "Justos Céus, ver desterrados/ Patrícios, irmãos, parentes/ Presos, mortos e feridos/ Mil Cidadãos inocentes!!".

Além da crítica à violência das tropas portuguesas contra os baianos, comandadas por Madeira de Melo, e da demonstração explícita de patriotismo como estratégia para aplacar o medo de algum ataque contra seus pais, Urânia Vanério fez questão de reforçar no panfleto sua adesão à causa da independência ao mesmo tempo em que repudiou o acirramento dos conflitos entre baianos e sergipanos causados pela Carta Régia de 8 de julho de 1820. Foi a partir desta carta que d. João VI decretou a emancipação política de Sergipe Del Rey à condição de uma capitania independente da Bahia depois de mais de dois séculos de subalternidade, em agradecimento pela participação de alguns sergipanos na violenta repressão dos líderes da Revolução Pernambucana de 1817.[17] Trata-se de um movimento político que criticou de forma contundente o projeto reformista que propunha o fortalecimento do poder absolutista ao mesmo tempo em que contestava radicalmente a forma de dominação exercida pelo Rio de Janeiro desde a chegada da Corte de d. João VI.[18] O fato é que, na época, a autonomia da província de Sergipe significou um duro golpe na economia baiana, pois Sergipe contava com mais de duzentos engenhos e com comerciantes que financiavam o tráfico de pessoas escravizadas e o comércio de açúcar na região.

Com o retorno de d. João VI à Portugal, a emancipação de Sergipe Del Rey foi contestada por senhores de engenhos da Bahia, que acabaram impedindo a posse do governador nomeado até fevereiro de 1821,[19] mas o acirramento das lutas pela independência do Brasil na Bahia fez com que líderes políticos do agreste e do sertão vissem, no recrudescimento dessas lutas, uma oportunidade de consolidar a emancipação política de Sergipe. Não parece ter sido por outra razão que, ao fim do panfleto, esses dois processos se confundem e confluem nos versos de Urânia Vanério: "Justos Céus, jamais se viu/ Entre irmãos, tão crua guerra/ Nunca os déspotas obraram/ Tão negra ação sobre a Terra". [...] Justos Céus, e a tal Cáfila/ Inda se jacta de egrégia/ Matando incautos irmãos/ Na Guerra da Carta Régia? [...] Justos Céus, se as nossas Cortes/ Não punem tanta maldade/ Ou não haverão [sic] Baianos/ Ou nunca mais tal cidade/ Dos nossos males/ Vos Condoei/ Se a Tropa existe/ Não há mais Lei".

Meses depois da escrita do panfleto "Lamentos de uma baiana", Urânia Vanério foi para o Recôncavo Baiano com sua família porque seu pai passou a integrar o Conselho Interino de Governo na cidade de Cachoeira como oficial civil e secretário do Comandante em Chefe da Divisão de Pirajá, Joaquim Pires de Carvalho Albuquerque. No ano seguinte, junto com a comitiva do General Labatut, responsável pela expulsão das tropas portuguesas de Salvador, no celebrado 2 de julho de 1823, Urânia Vanério seguiu com sua família para a Província de Sergipe, onde viveu momentos de grande tensão e instabilidade em razão de divergências políticas entre o grupo de seu pai e do então secretário Antônio Pereira Rebouças, que ocuparam dezenas de páginas do periódico sergipense, *O grito da razão*, e culminaram na prisão de seu pai sob a alegação de desordem política na recente província.[20]

Para a historiadora Keila Grinberg, os poderes locais de Sergipe não aceitaram bem a chegada do presidente de província e de seu secretário, nomeados pelo Imperador. No dia da posse, no adro da Igreja Matriz de São Cristóvão, a Constituição do

Império foi lida por Rebouças. A situação de hostilidade criada entre o novo secretário e a elite local relacionava-se ao fato nada desprezível de Antônio Pereira Rebouças ser "mulato", de posicionamentos ideológicos acirrados, já que era bastante conhecido pela defesa irrestrita das ideias liberais e pela intensa atividade política. Rebouças tinha prestígio junto ao governo central devido à sua marcante participação no movimento de adesão ao projeto de Independência que foi organizado em Cachoeira, porém na composição do governo da Bahia, Rebouças brigou com Francisco Montezuma e com Euzébio Vanério, pois o último, pai de Urânia Vanério, teria usurpado o seu lugar de secretário da Junta de Governo da Província de Sergipe.[21]

Com seu pai preso e enviado para o Forte de São Pedro, em Salvador, Urânia Vanério e sua mãe voltaram a morar nessa cidade, provavelmente no mesmo bairro de outrora. Ao sair da prisão e sem muitos recursos, o patriarca da família Vanério passa a ocupar as páginas do periódico *O grito da razão* com o objetivo de demonstrar seu amor e "dedicação admirável" à Bahia e ao povo baiano, razão pela qual ele afirmava ser merecedor da estima política dos poderosos locais.[22] Nesse mesmo período, em 1824, dona Samoa Angélica Vanério se organizou para retomada das aulas no antigo colégio da família, contando com a prestimosa ajuda de sua filha. Em 28 de abril de 1825, o periódico *Diário Fluminense* noticiou um acontecimento pouco usual para uma menina daquela época: Urânia Vanério solicitou ao Imperador, em 21 de abril, uma licença para a abertura de uma nova "escola de ensino mútuo na Bahia".[23] O pedido foi aceito, remetido ao governador, e Urânia passou a trabalhar com seus pais.

Esse episódio é determinante na vida da menina Urânia Vanério. Ele demonstra as estratégias com as quais ela se valeu do privilégio da educação que teve em casa para se engajar em uma causa política em um momento crucial, lutar pela sobrevivência de sua família e assim conquistar admiração e um importante espaço em meio a uma sociedade patriarcal e profundamente desigual em função do escravismo. Foi a partir do trabalho com seus pais que Urânia Vanério passou a se dedicar à literatura. Um exemplo dessa sua atividade ganha as páginas do periódico *Diário do Rio de Janeiro*, que em em 11 de dezembro de 1827, publica o anúncio da obra *Triunfo do Patriotismo, Novela Americana*.

> OBRAS PUBLICADAS.
> Sahio á luz o Triumpho do Patriotismo, Novella Americana, que offerece D. Urania Vanerio, ás Snras. Brasileiras suas patricias. Vende-se na rua da Cadeia loja de livros de João Baptista por 200 réis. Na mesma loja se vende a Corographia Brasilica na parte que toca á Provincia da Bahia, por 320 réis.

Roberto Paixão, no entanto, esclarece a autoria e o caráter de obra traduzida ao transcrever que, no ano anterior, em 1826, o periódico *Diário Fluminense* publicou o seguinte aviso:

> Saiu à luz: a Novela americana intitulada *Triunfo e o caráter de Patriotismo* traduzida das obras de M. Florien, e oferecida por Urânia Vanério, às Senhoras Brasileiras suas patrícias. Vende-se por 200 rs., nas lojas de João Baptista, rua da Cadeia; na de Veiga & Comp. Rua de S. Pedro, e na de Bompard rua dos Pescadores; nas mesmas lojas, e pelo mesmo preço se vende o *Método* de ensinar mútuo de Lancastre (método de ensino introduzido no Brasil pelo pai de Urânia Vanério).[24]

A grafia correta do autor da obra traduzida é M. de Florian, pseudônimo de Louis-Pierre Claris de Florian (1755-94). De família de nobres ligados às armas, perdeu a mãe espanhola ainda na infância, de maneira que foi criado por um tio casado com a sobrinha de Voltaire. Escreveu e publicou várias obras, inclusive algumas polêmicas sobre a abolição da servidão dos camponeses, peças de teatros, óperas, novelas, poemas e uma coleção de cem fábulas em cinco volumes, que lhe rendeu fama por serem tão boas quanto as de Jean de La Fontaine.[25] Se a informação sobre Urânia Vanério ter traduzido uma obra de M. de Florian, entre 1826-1827, for confirmada, trata-se da primeira tradutora do país, uma década antes de Nísia Floresta.[26]

Além disso, a informação de que "dona Urânia Vanério oferece uma obra às senhoras brasileiras" sugere uma pista importante sobre a trajetória dessa menina: o pronome de tratamento "dona" indica que Urânia Vanério continuaria trabalhando e se dedicando às letras mesmo depois de casada, e não acrescentaria o sobrenome do ilustre marido à obra traduzida.

O matrimônio de Urânia com Felisberto Gomes de Argollo Ferrão, filho de uma das famílias mais ricas e importantes da Bahia, ocorreu em 1º de março de 1827, deixando seu pai, que vivia endividado, muito feliz. Considerando que, àquela altura, Urânia Vanério de Argollo Ferrão trabalhava no colégio de educação junto aos seus pais, tudo indica que ela se casou com alguém de quem gostava e que a respeitava, já que não foi preciso mudar a sua vida em razão do matrimônio.

Depois de casados, Urânia e Felisberto viveram em uma casa grande com quintal no bairro dos Barris, em Salvador. Ainda segundo o autor do seu necrológio, Francisco Muniz Barreto, em 22 anos de matrimônio, eles tiveram treze filhos, dois deles mortos na primeira infância. Foi por uma infecção no parto de seu último filho, em 3 de dezembro de 1849, que Urânia Vanério faleceu, aos 38 anos, sendo enterrada com pompa e circunstância na igreja da Santa Casa da Misericórdia, local destinado às famílias de prestígio. Suas filhas seguiram a carreira da mãe, lecionando no mesmo colégio. Seus filhos tornaram-se negociantes e políticos com alguma projeção no estado e no país.

A impressionante trajetória da menina que podemos conhecer a partir dos dez anos, em meio às lutas pela Independência, silenciada nesses dois séculos, é significativa das várias estratégias que as mulheres adotaram para se engajar politicamente, resistir à opressão e lutar por justiça e por um país mais igualitário para elas. O que pode ter começado em razão da necessidade de defender seus pais portugueses de possíveis ataques no momento de recrudescimento dos combates pela Independência do Brasil, ganhou corpo e transformou-se em uma das mais potentes críticas contra os arbítrios do absolutismo português na Bahia, da exploração colonial e da violência das tropas imperiais contra a população de Salvador.

O novo país idealizado por Urânia Vanério no processo de nossa Independência foi construído cotidianamente por ela a partir de suas publicações com posições políticas definidas e do seu trabalho reconhecido na imprensa da época, como tantas mulheres fizeram na história do país. Ela conquistou espaço no mundo do trabalho, no universo da política, foi protagonista da própria história e deixou uma lição como o maior legado para as suas filhas: o casamento e a maternidade não são as únicas opções para as mulheres. Passados anos de silenciamento dessa história, finalmente Urânia Vanério está ao lado de outras baianas notáveis: Maria Quitéria, Maria Felipa, Joana Angélica. Seja bem-vinda.

NOTAS

1. M. O. L. da Silva Dias, *A interiorização da metrópole e outros estudos*, 2015.

2. E. C. de Mello, *A Outra Independência: o federalismo de 1817 a 1824*, 2014.

3. P. Valim, "Conjuração Baiana de 1798 e República Bahinense", 2019, pp. 53-59; Id., *Da sedição dos mulatos à Conjuração Baiana de 1798: a construção de uma memória histórica*, 2007.

4. Idem.

5. C. Bittencourt, "Identidade Nacional e ensino de História do Brasil", 2002; M. Ricci, *Cabanagem, cidadania e identidade revolucionária: o problema do patriotismo na Amazônia entre 1835 e 1840*, 2006, pp. 5-30.

6. D. Leopoldina, *Cartas de uma imperatriz*, 2000; M. Graham, *Correspondência entre Maria Graham e a imperatriz Leopoldina*, 1997. Veja perfil de Leopoldina neste livro, p. 145.

7. M. Del Priore, *A carne e o sangue. A Imperatriz D. Leopoldina, D. Pedro I e Domitila, a Marquesa de Santos*, 2012.

8. M. L. Prado & S. S. Franco, "Participação feminina no debate público brasileiro", 2012, pp. 194-217. Ver perfil de Maria Quitéria nesta edição, p. 123.

9. I. Sabino, *Mulheres Ilustres do Brasil*, 1996; J. N. de Sousa Silva, *Brasileiras célebres*, 1862; J. M. de Macedo, *Mulheres célebres*, 1878.

10. Para uma visão dos debates historiográficos sobre o tema, ler: I. Jancsó, *Independência: história e historiografia*. São Paulo: Hucitec, 2005. Para se ter uma ideia de conjunto geral das re-

voltas por ocasião da Independência do Brasil, acessar o site: <https://www.historia.uff.br/impressoesrebeldes/>. Acesso em: 28 jul. 2022.

11. J. M. de Carvalho, "Cidadania: Tipos e Percursos", 1995; E. C. P. Duarte e M. V. L. Queiroz, *A Revolução Haitiana e o Atlântico Negro: o constitucionalismo em face do lado oculto da Modernidade. Direito, Estado e sociedade*, 2016, pp. 10-42; L. D. Ri, *A construção da cidadania no Brasil: entre Império e Primeira República*, 2010, pp. 7-36; J. C. de Oliveira Vellozo; S. L. de Almeida, *O pacto de todos contra os escravos no Brasil Imperial. Direito e Práxis*, 2019, pp. 2137-60.

12. L. M. B. P. Neves, *Cidadania e participação política na época da Independência do Brasil*, 2002, pp. 47-64.

13. J. M. de Carvalho et al., *Guerra literária: poesia, relatos, Cisplatina: panfletos da Independência (1820-1823)*, 2014, p. 13.

14. G. Freyre, *Sobrados e Mucambos*, 2004.

15. Cf R. C. B. Paixão. *A trajetória de Euzébio Vanério na Instrução Pública (1784-1852)*. Tese de Doutorado, PPGED/UFS, 2020. Necrológio em homenagem a Urânia, impresso em Sergipe feito pelo poeta e professor baiano Francisco Muniz Barreto, publicado no *Correio Sergipense, Folha Official, Política e Literária*, em 16 de janeiro de 1850. Disponível em: Hemeroteca da Biblioteca Nacional: <http://bndigital.bn.br/acervo-digital/correio-sergipense/222763> Acesso em 16 mai 2022.

16. S. A. D. Guerra Filho, *O povo e a guerra: participação das camadas populares nas lutas pela Independência do Brasil na Bahia*, 2004.

17. E. M. Matos, *A independência do solo que habitamos: poder, autonomia e cultura política na construção do Império brasileiro – Sergipe (1750-1831)*, 2012.

18. M. O. L. da Silva Dias, *A interiorização da metrópole e outros estudos*, 2015.

19. E. M. Matos, op.cit.

20. R. C. B. Paixão, op.cit.

21. K. Grinberg, *O Fiador dos brasileiros: cidadania, escravidão e direito civil no tempo de Antônio Pereira Rebouças*, 2002.

22. R. C. B. Paixão, op. cit., p. 67.

23. IMPÉRIO DO BRASIL: *Diário Fluminense*, Rio de Janeiro, v. 5, n. 93, quinta-feira, 28 de abril de 1825.

24. R. C. B. Paixão, op.cit., p. 78.

25. S. Labbe, *Jean-Pierre Claris de Florian: Flabes*. École Des Loisirs Édition, 2019.

26. Sobre Nísia Floresta ser a primeira tradutora brasileira, ler, sobretudo: M. L. G. Pallares-Burke, *Nísia Floresta, O Carapuceiro e outros ensaios de tradução cultural*. São Paulo: Hucitec, 1996.

MARIA FELIPA DE OLIVEIRA, A MULHER QUE VEIO DO MAR E RUMINAVA FOGO

Cidinha da Silva

"Sou uma mulher das águas, vim trazida de África pelas águas, meu trabalho tem uma relação muito profunda com as águas e somos produtoras de alimentos a partir das águas." Este é um brado de Eliete Paraguassu da Conceição, nossa contemporânea, liderança política quilombola no Recôncavo Baiano, marisqueira e negra como Maria Felipa de Oliveira, a heroína de uma das lutas pela Independência do Brasil travadas na Bahia, mais especificamente na Ilha de Itaparica, antigo Arraial da Ponta das Baleias, entre 1822 e 1823. Maria Felipa de Oliveira foi desprezada pela historiografia tradicional, contudo, a memória popular a imortalizou.

O saudoso professor Ubiratan Castro nos alerta que "Maria Felipa é de mais recente reconhecimento no panteão dos heróis do 2 de julho e também aquela sobre quem as informações são as mais precárias e lacunares. Ela representa o extraordinário protagonismo da mulher negra nas lutas pela Independência nacional".[1]

De maneira complementar, a pesquisadora Lívia Prata assevera que "para criar imagens onde Maria Felipa seja vista como uma líder, corajosa, bondosa e forte, são necessários esforços para que o imaginário ao redor da personagem não seja de submissão, exploração, escravidão e todos os outros aspectos que produziram imagens repletas de racismo e etilismo. É preciso refazer este imaginário para que se possa produzir uma nova imagem da mulher negra, pescadora e engajada em lutas sociais".[2]

Desse modo, guiada pelo leme de Eliete Paraguassu, pela constatação certeira do professor Bira e pelo conselho valioso de Lívia Prata, me proponho a trazer elementos para a construção de um imaginário favorável à compreensão da temporalidade de luta e sobrevivência instaurada por Maria Felipa de Oliveira, valendo-me de dois vetores principais.

Para efeitos didáticos, chamarei de primeiro vetor a leitura crítica complementar da "heroicização" de Maria Felipa, haja vista que mesmo historiadores e literatos que se ocupam de sua imagem e de seus feitos utilizam recursos de exotismo e excesso de adjetivos para descrevê-la sem, no entanto, mergulhar no conteúdo de tais afirmações e rótulos. Em seguida, como um segundo vetor, farei uma ronda preliminar pelas águas de africanidades que forjam a personagem Maria Felipa de Oliveira buscando interpretar elementos da sua inserção naquele mundo oitocentista de numerosa gente negra, escravizada e livre, regida e punida por leis criadas pelos brancos. Abordarei esses dois vetores de maneira concomitante à medida que respondo a algumas perguntas, estratégia que defini para organizar as ideias rumo à modelagem desse novo imaginário que tanto nos interessa.

Quem é Maria Felipa de Oliveira?

De um modo geral, as mulheres que pesquisam esta personagem popular do cenário da Independência na Bahia a chamam pelo nome completo. Os historiadores e cronistas de época, por sua vez, costumam se referir a ela apenas como "Maria Felipa". Nesse caso, a partir do nome integral de nossa heroína citado pelas pesquisadoras, estabeleceu-se uma solidariedade de gênero, posto que sabemos como e o quanto a História escrita pelos homens nos oblitera, chegando ao ponto de não registrar nossos nomes. Além disso, o nome e o sobrenome são muito importantes não apenas para as mulheres negras, mas para todas as pessoas negras. Como a ativista política e pensadora Lélia Gonzalez nos ensinou, pessoas negras devem ter nome e sobrenome, senão o racismo vem e nos coloca qualquer apelido ou nome que queira nos impingir.

A síntese das características de Maria Felipa de Oliveira feita por Lívia Prata contempla muito do que se disse sobre ela:

> Sua figura era impactante: alta, corpulenta, energética. Costumava usar batas bordadas na cor branca, saias rodadas, turbante, torço e chinelas. Quando necessário, amarrava a saia nas pernas e lutava com golpes de capoeira. Era comum vê-la com os cabelos revoltos, a camisa descaída e as costas lavadas de suor agitando-se à frente da turba. Junto com as suas companheiras, aproveitava-se dessas vestes para esconder armas, principalmente as peixeiras que utilizavam em seu trabalho [de pescadoras]. Folhas de espinhos também eram ocultas junto a flores e outras folhas comuns, fazendo com que parecessem estar apenas enfeitadas. Ela tinha a fé dos seus antepassados, a fé do candomblé dos orixás, dos caboclos escondidos nas matas. Uma fé injustiçada, que não se podia declarar em público, praticada clandestinamente.[3]

Estimam que teria à volta de 22 ou 23 anos no período das lutas dos anos de 1822 e 1823. Sua data de falecimento é 4 de janeiro de 1873, quando tinha em torno dos 73 e 74 anos. Uma longa vida produtiva vivida.

Segundo outra pesquisadora, Eny Kleyde Farias, na memória da população de Itaparica permaneceu o fato de que Maria Felipa "era do candomblé, cultuava orixás e os caboclos escondidos nas matas. Fazia limpeza de corpo antes das batalhas".[4]

As lutas pela Independência travadas na Bahia (Salvador, Ilha de Itaparica e Recôncavo) ao longo de 1822 e 1823 foram marcadas pela precariedade do chamado "Exército Pacificador ou Libertador" (forças leais a d. Pedro I), materializadas na falta de armas, munições, treinamento adequado para os soldados, inexperiência em guerras e, acima de tudo, pela falta de planejamento estratégico que levou à escassez de alimentos. A insuficiência alimentar e a vida desorganizada nas trincheiras, em condições de higiene e assepsia sofríveis, causavam doenças aos combatentes, que frequentemente pediam dispensa para se tratar em casa, haja vista que também não havia cuidados médicos adequados.[5] Como resultado, muitos deles morreram. Além disso, nos meses em que o militar francês Pedro Labatut esteve no comando para organizar o exército brasileiro e conduzir a luta em Salvador, foi instituída uma disciplina militar duríssima à base de açoites, prisões e até fuzilamentos para casos de motins, rebeliões e deserções, tanto dos descontentes quanto de seus superiores, caso os últimos não conseguissem comprovar que fizeram tudo o que podiam para tentar impedir a quebra da ordem.

Os pelotões de voluntários livres agregados ao Exército, os escravizados que foram recrutados das fazendas ou mesmo aqueles que fugiam dessas e se alistaram, todos na expectativa de serem premiados com a liberdade depois de vencida a guerra, assim como os grupos de populares livres que não se integraram ao Exército, mas fizeram as lutas da Independência em seus lugarejos de origem, entre eles os grupos liderados por Maria Felipa de Oliveira, foram fundamentais para que os "brasileiros" vencessem a guerra na Bahia.

"Itaparica e o Rio Paraguaçu eram de suma importância para o controle de entrada e saída de mantimentos, informações e armamento, na Baía de Todos os Santos ou no Recôncavo", nos conta o historiador Lucas Borges dos Santos. E continua:

> Principal via de deslocamento do Recôncavo, o Paraguaçu permitia o acesso direto às vilas que encabeçavam a resistência. Em muitas narrativas, Maria Felipa é citada descendo de barco este rio com suas companheiras para levar mantimentos às cidades insurretas, armadas com peixeiras de mantear baleia faziam a vigilância do trajeto. Era imprescindível aos portugueses tomar a ilha para romper o bloqueio que impedia a entrada de víveres e reforços à cidade do Salvador. Itaparica destaca-se como um bastião na entrada da baía, nenhum navio entra ou sai, seja pela Ponta do Padrão ou pela Ponta dos Garcês sem ser notado e, mais importante, fica fora do alcance dos canhões das fortalezas.[6]

A topografia deste lugar, o velho Arraial da Ponta das Baleias, e os segredos do rio Paraguaçu, seus mangues e embocaduras, constituíam águas, montes e terras e dominadas por Maria Felipa de Oliveira, exímia pescadora de baleias, senhoras e senhores, marisqueira e ganhadeira. Não bastasse pescar as baleias, ela sabia tratá-las, como dizem na Bahia, ou manteá-las, como diziam os insulanos, salgava a carne e preparava-a para a venda. Uma baleia adulta produzia cerca de setenta toneladas de carne e de trinta a quarenta tonéis de óleo. Este tinha múltiplos usos, entre os quais, o de combustível para as lamparinas das vias públicas e das casas, mas também era usado para lubrificar o maquinário da engrenagem escravocrata dos engenhos, para preparar argamassas destinadas ao revestimento de paredões e outras obras de alvenaria.[7]

Afora o domínio dessas tecnologias, Maria Felipa de Oliveira mercava, tradição ancestral herdada das mulheres africanas que garantia a própria sobrevivência e a manutenção da prole. E navegava, soberana, transitando de barco e jangada para Salvador e para vilas do Recôncavo. Como conhecia todas as curvas do Paraguaçu e seus acidentes, conseguia deslocar-se à noite e também sabia onde estariam atracados os barcos portugueses. Ela sabia como desviar das vistas de sua tripulação, de modo a evitar possíveis ataques e saques.

Embora sejam cantadas em verso e prosa as habilidades guerreiras de Maria Felipa, sobre as quais falaremos um pouco adiante, é necessário destacar seus predicados como comerciante e navegadora em meio a uma guerra na qual as questões ligadas ao abastecimento alimentar débil e insuficiente foram determinantes para que os portugueses decidissem abandonar a derradeira batalha do dia 2 de julho em Salvador, escapando pelo mar. Eles não tinham mais o que comer. Segundo alguns registros, dos dois lados do conflito, morreram mais soldados vitimados pela fome e doenças do que por balas.[8] Assim, ter atuado no abastecimento alimentício durante a guerra foi uma função basilar de Maria Felipa e das mulheres e homens liderados por ela.

Eny Kleyde Farias sintetiza de maneira mais crítica o que a voz de muitos homens narrou sobre o trabalho de Maria Felipa de Oliveira e de seu grupo que, neste caso, incluía mulheres e homens livres, provavelmente todos de origem negra e indígena, no transporte e comercialização de alimentos, vejamos:

> [Maria Felipa] tomava as principais decisões sobre o preparo e a venda deste produto [alimentos], as viagens pelo rio Paraguaçu em direção a Cachoeira, passando pela Vila de Nazaré, e outros lugares às margens do grande rio. Ensinava a ordem, a história, os espaços geográficos e orientava sobre os combates que poderiam ocorrer. A importância de guardar a "boca do grande rio" para que portugueses inimigos não entrassem no Recôncavo, tornava a heroína admirada pelos companheiros de trabalho. Liderar como marisqueira levava-a a fugir às 'limitações' de apenas "catar mariscos", porque identificava novos lugares e se tornava acreditada pelos seus métodos de trabalho. Vender alimentos em tempos de combate entre inimigos, quando os víveres são geralmente escassos exigia cuidados na guarda, no trato e no processo de venda.[9]

Não se ganha uma guerra sem informações precisas sobre a movimentação dos inimigos, e Maria Felipa de Oliveira, Marcolina, Joana Soleiro, Brígida do Vale e outras 37 mulheres, cujos nomes a História omitiu, compunham o "Batalhão das Vedetas". Sobre esse rico episódio da luta pela Independência em solo da Ilha de Itaparica nos conta Lívia Prata:

> Naqueles tempos de conflito, muitos barcos inimigos navegavam pelo Recôncavo. Para monitorar esses barcos, Maria Felipa e suas companheiras formaram um grupo chamado de Vedetas. A função delas era de sentinela: noite e dia patrulhavam as matas, os manguezais, as praias e todos os caminhos da ilha, inclusive subindo em outeiros como o do Balaústre e o da Josefa, mais próximos aos campos de guerra. Levando tochas acesas feitas de palha de coco e chumbo, identificavam portugueses que desciam dos barcos à noite para saquear a vila (interceptando principalmente alimentos) e também para lutar. Maria Felipa liderava este grupo e também se encarregava de repassar informações sobre a guerra para companheiros de luta em Salvador, a bordo de uma jangada. A botica de Francisco José Batista Massa, no Largo da Glória, na Ponta das Baleias, hoje centro histórico do atual município de Itaparica, promovia encontros para discutir sobre a monarquia absolutista portuguesa na Bahia. Traidores

portugueses frequentavam o lugar e levavam informações para Madeira de Melo (governador da Bahia). O grupo de mulheres liderado por Maria Felipa estava sempre em conflito com portugueses, com divergências e lutas corpo-a-corpo.[10]

Ao ler o material escrito por homens acerca dos artefatos de guerra manejados pelas mulheres, principalmente as tochas feitas de palha de coco e chumbo, reiteradas vezes tive a impressão de que esses usam um tom de ironia e, em outras, de glamourização excessiva e desnecessária das materialidades e ações, por se tratar de mulheres em destaque, como, por exemplo, a necessidade de justificar que elas faziam algo que não lhes cabia, dada a condição de gênero. Entretanto, a inventividade como recurso para driblar a precariedade era exigida não só de Maria Felipa e suas companheiras, mas de todos os sujeitos que forjavam estratégias para enfrentar a escassez que marcava aquele período de batalhas. Vejamos o que nos conta sobre o tema Ubaldo Marques Porto Filho:

> Aproveitando-se da confusão causada pelo ataque da escuna, alguns portugueses começaram, de seus prédios, a efetuar disparos contra o povo, estabelecendo um clima de confronto na vila. A escuna portuguesa continuou atirando nos dias 26 e 27 (de junho de 1822). Como os cachoeiranos não dispunham de armamento com capacidade para enfrentar os canhões da embarcação lusa, houve uma improvisação que deu certo: valeram-se de uma antiga peça de artilharia adaptada para serviços nos engenhos açucareiros, chamada de 'vaivém', que trazida para a vila foi rapidamente preparada para lançar pedras e pedaços de ferro; acertando o alvo fixo, passaram a produzir sérias avarias na escuna.[11]

Para a visualização daquele cenário de guerra tão atípico, recorremos mais uma vez a Eny Kleyde Farias:

Na Ilha, lutava-se também com outras armas improvisadas como pedaços de madeira, foices, arpões, machados, compassos, trinchas, marretas e forquilhas [outro autor menciona também enxadas]. A carência de armas convencionais levava os insulanos à improvisação, sobretudo, o grupo das Mulheres Guerreiras.[12]

A autora nos oferece ainda uma lista de nomes de organizações voluntárias articuladas à luta pela Independência:

> Grupos de líderes políticos da época organizaram também a Campanha da Independência. Os grupos de luta estruturados foram denominados de Voluntários, Solitários de Barros Galvão e de Souza Lima, Praieiros e as mulheres também chamadas de Mulherio da Banda da Praia, Mulheres Guerreiras e Vedetas.[13]

O historiador Sérgio Guerra Filho, da Universidade Federal do Recôncavo da Bahia (UFRB), pesquisou registros de guerra nos quais verificou que cerca de 10% de um determinado batalhão dispunha de munição para armas, que também eram velhas e defeituosas[14] e imagino que esse quadro pudesse ser estendido ao conflito como um todo.

Sobre as lutas corpo a corpo de Maria Felipa e suas companheiras, a literatura menciona fartamente alguns episódios. Trago aqui três, narrados por diferentes pesquisadores, vejamos:

> Durante as batalhas seu grupo ajudou a incendiar inúmeras embarcações: a Canhoneira Dez de Fevereiro, em 1º de outubro de 1822, na praia de Manguinhos; a Barca Constituição, em 12 de outubro de 1822, na Praia do Convento; em 7 de janeiro de 1823, liderou aproximadamente 40 mulheres na defesa das praias. Armadas com peixeiras e galhos de cansanção surravam os portugueses para depois atear fogo aos barcos usando tochas feitas de palha de coco e chumbo.[15]

A literatura sobre as lutas pela Independência na Bahia também nos traz informações sobre outras duas mulheres (brancas) e as reverberações de suas participações. A primeira, a religiosa Joana Angélica, assassinada por golpes de baioneta em 10 de fevereiro de 1822, ao tentar impedir que soldados portugueses invadissem o convento de Nossa Senhora da Conceição da Lapa, em Salvador, Bahia. Ela ficou conhecida como "mártir da independência" e sua morte fomentou as lutas patrióticas e possivelmente chegou aos ouvidos de Maria Felipa de Oliveira e de suas companheiras, instigando-as a lutar. A outra foi Maria Quitéria de Medeiros, uma mulher que se fingiu de homem para alistar-se e, mesmo depois de descoberta sua falsa identidade, conseguiu permanecer no Exército brasileiro devido às suas exímias técnicas de montaria e tiro. Ela, Maria Felipa e outras mulheres chegaram a enfrentar uma batalha juntas no rio Paraguaçu, na qual "lutaram com água até os seios".

O historiador Eduardo Kruschewsky nos oferece uma visão um tanto romantizada sobre o evento de sedução de dois guardas de embarcações portuguesas e posterior ato de atear fogo aos seus barcos, dizendo:

> Maria Felipa, liderando quarenta valentes mulheres, aproximou-se da Praia de Manguinhos, onde estava ancorada a Canhoneira Dez de Fevereiro. Era o dia 1º de outubro de 1822, e este dia ficaria marcado por ter acontecido o primeiro dos seus ataques às 42 embarcações portuguesas. Chamou duas das suas comandadas e ordenou que estas se aproximassem dos vigias da canhoneira, os portugueses Araújo Mendes e Guimarães das Uvas. Esbanjando feminilidade, as nativas se aproximaram do navio e seduziram os vigias, conduzindo-os para um local um pouco distante, entre beijos e carícias. Ao tirar as roupas, foram surpreendidos pelo grupo de mulheres que os surraram com galhos da planta conhecida como cansanção [uma espécie da família das urtigas que provoca coceira, ardência e ulcerações insuportáveis], repletos de espinhos. Após acabar com a vigília dos invasores, tomaram o navio de surpresa, enquanto a maioria dos tripulantes dormia e atearam fogo à embarcação. De-

pois do sucesso desta missão, as mulheres lideradas por Maria Felipa ganharam a companhia de homens nativos e partiram para a destruição das embarcações portuguesas, ancoradas nas imediações da ilha, aguardando a ordem para invadir Salvador e reprimir as ações pela independência baiana. Sorrateiramente, os guerrilheiros se aproximaram dos navios e os incendiaram, causando baixas significativas no exército português.[16]

Outra leitura do mesmo episódio nos é apresentada por Lívia Prata:

> Sem saída, no dia 6 de janeiro de 1823, a esquadra de Madeira de Melo saiu de Salvador em direção à Itaparica. As embarcações estavam em pontos diversos da ilha: as de guerra em Manguinhos e uma barca grande circulava pelo mar vigiando a ilha. Os insulanos fizeram o mesmo, e as Vedetas observaram vários pontos da ilha e contaram cerca de quarenta embarcações. Então, ficaram de tocaia, armados, enquanto os barcos lusitanos avançavam cada vez mais. Maria Felipa reuniu seu grupo, que também eram chamadas de mulheres guerreiras, para criar novas estratégias de batalha. Com tantos barcos, como se aproximar do inimigo? Na beira de um rio, morada de Oxum, veio a solução: o uso de uma estratégia diferente, com armas não convencionais. Tal como Oxum, as armas do grupo seriam astúcia e sedução. E também folhas de cansanção, bebidas e tochas improvisadas. As folhas de cansanção eram as folhas de espinho que utilizavam presas à saia, disfarçadas no meio de flores e folhas comuns. Eram uma espécie de urtiga muito perigosa: em contato com a pele causavam queimaduras fortes. Os portugueses estavam atacando as praias e, quando o grupo de quarenta mulheres lideradas por Maria Felipa se aproximou, eles não viram ameaça, pois não conheciam o perigo das folhas. As mulheres, supostamente apenas enfeitadas, ofereceram bebida aos soldados e os seduziram para, então, surrá-los com os galhos de cansanção. Pegos de surpresa, não imaginavam que elas também possuíam as tochas feitas de palha de coco, pólvora e chumbo, que foram jogadas por elas nos barcos, incendiando-os. Essa estratégia criada por Maria Felipa deixou a Ponta das Baleias em fogo vivo e pela manhã o litoral estava ainda coberto

de fumaça. A luta continuou e, ferozmente, Maria Felipa lutou na praia do Convento com suas companheiras até que os soldados lusitanos deixaram Itaparica em 9 de janeiro [de 1823].[17]

Um imaginário alargado

Como anunciei anteriormente, farei algumas perguntas no afã de oferecer elementos para a construção de um imaginário mais complexo sobre Maria Felipa de Oliveira. Procurarei respondê-las desde dentro, a partir da experiência de um corpo ancestral de mulher negra, com vistas a alargar a perspectiva sobre nossa heroína.

Começo indagando: o que significava ser pescadora e marisqueira? Eliete Paraguassu da Conceição novamente nos socorre: "Sou marisqueira desde a barriga da minha mãe." Estamos diante da noção de pertencimento a uma comunidade de destino com marcadores de classe, gênero e raça, num processo de parca mobilidade social e econômica, mas que é reapropriado e ressignificado por quem o sistema capitalista e colonial queria apenas como mais uma mulher imobilizada na pobreza e na reprodução de filhas que renovarão a pobreza subordinadas aos donos do capital, os brancos de sempre.

Maria Felipa de Oliveira, marisqueira e pescadora, fazia o que era necessário para sobreviver. É provável que ganhasse tostões, manteando e salgando a carne das baleias, retirando e envazando o óleo que se transformaria em rico combustível para uso local e também para exportação. Outros tostões e, principalmente, o alimento diário ela devia conseguir mariscando, imersa até os joelhos nas águas do mangue, bioma misterioso, profundo, do qual é possível renascer a partir dos detritos, da transformação empreendida pelos crustáceos e outros seres que lá habitam sob a batuta de Nanã, a grande feiticeira da lama primordial. Quem trabalha no mangue aprende a renascer todos os dias.

O que significava ser ganhadeira, outro ofício atribuído a Maria Felipa? Significava exercer a liberdade possível nas ruas para conquistar coisas maiores. As escravizadas de ganho, frequentes no cenário urbano brasileiro dos séculos XVIII e XIX, prestavam serviços e vendiam quitutes. É certo que entregavam a maior parte da féria aos escravizadores, mas retinham uma fração pequena do valor que poderia resultar na compra da própria alforria e também de membros de sua comunidade.

Libertas ou livres, mantiveram o ofício de mercar ancorado nas referências de suas ancestrais africanas, que o faziam atravessando terras comunais, antes dos limites impostos pelo colonialismo, e rios, como o Congo e Kuanza por lá e o Paraguaçu por aqui.

O comércio de rua, tradição das diversas Áfricas, informava a memória de nossas ancestrais brasileiras, pois todas sabemos que as sete voltas em torno da árvore do esquecimento de nada adiantaram. Ao contrário, naquele momento, nosso pessoal devia firmar o que não poderia ser esquecido, o que garantiu a sobrevivência de nosso espírito e de nossa subjetividade. A rua é o espaço de Exu, da comunicação, das trocas, da circulação de informações, da observação, do registro das novidades, dos movimentos de transformação e mercadorias, de ganhar dinheiro para alugar espaço numa casa de quartos, o conhecido "convento", como Maria Felipa de Oliveira e outras tantas mulheres livres e libertas faziam na Ilha de Itaparica e em todo o Brasil escravocrata. A rua como esse lugar de trânsitos, compreendido pelos caminhos em terra ou pelo fluxo das águas era, por excelência, o campo para a temporalidade insurgente de Maria Felipa de Oliveira.

O que significava ser uma mulher que jogava capoeira? Além do domínio de um repertório de golpes que surpreende o inimigo, podendo matá-lo, significava exercitar a ginga, jeito pessoal, único e intransferível de cada pessoa jogar o jogo da vida, como quem finge ser água mansa para acobertar o redemoinho.

O que significava ser do candomblé? Significava ancorar-se nas forças que nos permitiram sobreviver ao morticínio físico e espiritual imposto pelo tráfico atlântico, pela escravidão e seus tentáculos, porque nos possibilitaram manter e acessar tecnologias ancestrais de produção de infinitos, principalmente nos momentos de maior desespero. Significava fazer acordos com o invisível que nos habita e nos circunda de maneira espiralar. Significava reinventar as Áfricas possíveis, construindo o que chamamos hoje de Diáspora negra ou africana. Significava cultuar os preciosos ensinamentos das Iabás, que garantiram o fundamento da nossa existência hodierna e da construção de nossos universos.

Uma dessas Iabás é Iansã, a mais cultuada no Brasil, a senhora dos ventos, raios e tempestades. Quando mulher, Iansã é bela, forte, sedutora, senhora do próprio destino. Quando animal, é um búfalo irascível a derrubar matas, animais e pessoas, a espantar leões, mas pode também ser uma borboleta multicolorida e fugaz. Quando água, venta, domina a chuva, irrompe em tempestade. Quando fogo, determina a ação dos raios e relâmpagos. É aérea, mas está presente nos outros elementos da natureza. Tenho dito que Iansã é a mais budista dos orixás, a Senhora da Impermanência.

Maria Felipa de Oliveira me parece ter sido regida por Iansã, como Maria da Fé, personagem de João Ubaldo Ribeiro que me encantou e apresentou Maria Felipa, antes mesmo que eu soubesse de sua existência na História.

Contam que Iansã foi incumbida pelo marido, o rei Xangô, de buscar em terras distantes um preparado que, quando ingerido, daria a ele o poder de soltar fogo pela boca e pelo nariz. Iansã, mulher de temperamento insurgente e corajoso, previsivelmente desobedeceu o esposo e experimentou a infusão. Como consequência, tornou-se capaz de lançar fogo pela boca e pelo nariz e dividiu esse poder com Xangô.

Maria Felipa de Oliveira, iansanicamente, nos inspira a persistir roubando o preparado destinado aos homens e a cuspir fogo, pois só assim, conquistando poder e mando, pela força de uma búfala ou de uma borboleta, a depender da necessidade, conseguiremos, se não transformar, pelo menos desestabilizar as relações de poder manejadas pelos homens.

NOTAS

1. U. Castro, "Prefácio". In: E. N. Farias, *Maria Felipa de Oliveira: Heroína da Independência da Bahia*, 2010.

2. L. Prata, *Maria Felipa: uma heroína baiana*, 2018.

3. Ibidem.

4. E. N. Farias, op. cit., p. 39.

5. S. A. D. Guerra Filho, *O povo e a guerra: participação das camadas populares nas lutas pela independência do Brasil na Bahia*, p. 31.

6. L. B. dos Santos, "Maria Felipa", 2014.

7. U. O. Pimentel, *Recortes*, pp. 249-50.

8. S. A. D. Guerra Filho, op. cit., p. 69.

9. E. N. Farias, op. cit., p. 76.

10. L. Prata, op. cit.

11. A. P. D. Carvalho Júnior; U. M. Porto Filho, *02 de julho: Independência da Bahia e do Brasil*, p.65.

12. E. N. Farias, op. cit., p. 89.

13. Ibid., p. 77.

14. S. A. D. Guerra Filho, op. cit., p. 105.

15. A. P. D. Carvalho Júnior; U. M. Porto Filho, op. cit., p. 236.

16. Academia Feirense de Letras. Disponível em: <https://academiafeirensedeletras.com.br/conheca-a-historia-de-maria-felipa-heroina-baiana/>. Acesso em 15 mar. 2022.

17. L. Prata, op. cit.

MARIA QUITÉRIA: ALGO NOVO NA FRENTE DA BATALHA

Marcela Telles

Maria Quitéria recebeu o nome da mãe. Foi sua única herança. Tentou por várias vezes se apossar dos bens que passou a ter direito com a morte do pai Gonçalo Alves de Almeida, em outubro de 1834, sem sucesso. Morreu quase cega, em dificuldades financeiras, na cidade de Salvador, no ano de 1853. Muito provavelmente, sem saber como as decisões que tomou ao longo de sua vida garantiriam o legado recebido na capela de São Vicente em São José de Itapororocas, interior da Bahia, em 27 de julho de 1798, quando foi batizada.

Maria Quitéria também foi o nome de uma das líderes da batalha do Tejucupapo, primeiro conflito armado em que é registrada a participação de mulheres. Tudo aconteceu na vila de São Lourenço de Tejucupapo, atual distrito do município de Goiana, em Pernambuco, durante a chamada Guerra da Restauração (1645-1654), quando os habitantes de Pernambuco, homens livres, negros e indígenas, com estratégias pouco conhecidas pelos europeus, expulsaram os holandeses e restabeleceram o domínio português sobre a capitania. O primeiro ataque dos holandeses sobre Tejucupapo aconteceu em 1646. Oitenta holandeses esfomeados saíram de Itamaracá para abastecerem-se com a mandioca cultivada no povoado. Foram obrigados a recuar, mas não desistiram e organizaram um segundo ataque. Dessa vez, sem a proteção das milícias pernambucanas, os moradores foram obrigados a fugir. Nessa ocasião, as mulheres tentaram impedir o saque: incentivaram os homens à luta, auxiliaram com pólvoras e bala, mas ainda assim, os holandeses levaram a melhor e partiram de volta à Itamaracá carregando mandiocas, limões e laranjas cultivados para o abastecimento da gente do lugar. Atacaram pela terceira vez, mas, foram surpreendidos pelo empenho com que as mulheres de Tejucupaco investiram contra eles. Elas foram além das exortações e com "dardos, chuços e paus tostados, e outras armas, e defenderam e impediram a entrada".[1] Adicionaram pimenta em água fervente e miravam nos olhos do inimigo, que saíram em fuga disparada.

Maria Quitéria é, ainda, nome de pombagira. Na umbanda, formada a partir do encontro das religiões afro-brasileiras e ameríndias com o catolicismo popular e o espiritismo kardecista francês, pombagiras são espíritos de mulheres com histórias de vida marginais. Cada uma com sua própria trajetória, preferências, ritualística e aparência, compartilham a beleza, o despudor, o uso de roupas e acessórios exuberantes, o conhecimento de uma vida fora dos padrões socialmente aceitos e a habilidade para escandalizar. Encantam pelo que são e ainda mais pelo que se recusam a ser.[2] São desobedientes, transgressoras e tidas por muitos como entidade das mais perigosas por rebelarem-se contra os padrões e normas convencionais, exaltar o proibido e rir disso às gargalhadas enquanto giram o mundo na roda de suas saias de cetim, trocando tudo do lugar. Para a pombagira não há desejo que não seja legítimo, limites para a fantasia humana e empecilho para a felicidade.[3]

Quando decidiu lutar na guerra de Independência do Brasil, Maria Quitéria entrou para o pequeno grupo de Quitérias que romperam o confinamento imposto às mulheres dentro de seus espaços domésticos e lutou contra homens com as armas e no espaço a eles reservados: o campo de batalha. Mulheres poderiam incentivar a luta, lamentar os filhos e maridos mortos em combate, cuidar dos feridos, esperar e preservar a casa para recebê-los quando (e se) regressassem, e claro, dobrar o joelho e rezar pela proteção de seus homens. Já pegar em armas e combater em uma guerra não lhes era permitido. Acreditava-se que a natureza não lhes havia habilitado com a força e a capacidade de raciocínio necessárias para tal tarefa. Pois como a pombagira, Quitéria jogou para o alto todas as convenções sobre o que caberia ou não fazer com seu corpo. Ela o despiu de qualquer indício externo identificado com a sua condição de mulher e adotou o vestuário masculino que garantiria sua entrada onde queria ir. Não se sabe se conteve os seios com uma cinta ou se tinha furos na orelha, mas com certeza cortou os cabelos, vestiu as roupas do cunhado, desobedeceu ao pai e se integrou às tropas na luta pela Independência do Brasil. Não há sinal de arrependimento, já que ela permaneceu em combate até o fim da Guerra da Independencia na Bahia, em julho de 1823.

Maria Quitéria de Jesus nasceu provavelmente em 1792, no sítio de Licorizeiro, propriedade de seus pais Gonçalo Alves de Almeida e Quitéria Maria de Jesus, em São José das Itapororocas (atual distrito de Maria Quitéria, no município de Feira de Santana, interior baiano). Em 1794, nasceu sua irmã Josefa, e dois anos depois, o irmão mais novo, Luís. A família morava em uma casa coberta de palha e no sítio produziam farinha e criavam gado, contando com o trabalho de cinco escravizados.[4] Em 1802, sua mãe morreu e após cinco meses seu pai voltou a se casar com Eugenia Maria dos Santos, que morreu logo em seguida. Gonçalo resolveu se mudar, vendeu o sítio e comprou a fazenda da Serra da Agulha, onde se instalou com seus três filhos.

O povoado mais próximo da fazenda era Santo Antônio de Tanquinho. Ficava a nove quilômetros e não passava de ajuntamento de poucas moradias de taipa e adobe. Por volta de 1870, o Tanquinho, como ficou conhecido, reunia cerca de quinze casas. Durante muito tempo foi distrito de Feira de Santana, mas emancipou-se e até hoje existe, no interior da Bahia. Como irmã mais velha, Maria Quitéria tomou a frente da administração da casa. Cuidava dos irmãos, fiava, tecia, bordava e aprendeu a manejar armas de fogo. Gostava de farinha com ovos no almoço, peixe ao jantar e fumava charuto após cada refeição. O rio Cipó passava próximo à sede da fazenda, o terreno era acidentado, mas fértil, e com o cultivo de algodão e criação de gado, logo a família prosperou. Gonçalo pôde comprar mais escravizados para utilizá-los no plantio e no trato dos animais. Comprou terras nas divisas de sua fazenda. Tudo ia bem e, com doze anos, Maria Quitéria permanecia à frente da administração da casa. Então, seu pai resolveu casar-se novamente.

Maria Quitéria não combinou bem com a nova madrasta. Maria Rosa de Brito não se conformava com a preferência daquela moça por armas de fogo, por montar e domar cavalos em vez de fiar, tecer, coser, cuidar da casa e preparar-se para o casamento. Para evitar sua companhia, Quitéria passava horas enfurnada no meio do mato, dedicada à sua atividade preferida: a caça. Pendurava uma espingarda a tiracolo e voltava para casa com animais de pequeno porte. Com trinta anos ainda não havia se casado e parecia não estar preocupada com isso. Nessa idade, em 25 de junho de 1822, seu interesse foi capturado por outro assunto, a vila de Nossa senhora do Rosário do Porto da Cachoeira havia sido atacada por uma canhoneira portuguesa.

Cerca de oitenta quilômetros separam aquela vila de Cachoeira de Tanquinho, e as primeiras notícias do episódio podem ter chegado na Serra da Agulha pela boca de tropeiros e viajantes, sempre em trânsito em direção a vila da Cachoeira, então considerada como um dos principais pontos comerciais do Recôncavo Baiano, entre as mais ricas, populosas e "aprazíveis de todo o Brasil".[5] Seu porto era o último ponto navegável do rio Paraguaçu e conexão entre a Baía de Todos os Santos e o interior da província. Ali os negociantes se reuniam para receber produtos europeus variados e levá-los ao interior e para lá convergia o comércio de gado, fumo, farinha e algodão. Estava estrategicamente localizada na junção entre pelo menos três importantes estradas: a de Muritiba, que de Cachoeira seguia para Minas Gerais e Goiás, a de Belém, que atravessava todo sul da província, e a de Capoeiruçu, por onde seguiam as boiadas do Piauí. Em 1820, Cachoeira contava com cerca de mil casas e dez mil habitantes. Dois anos depois, estava em pé de guerra.

Em junho de 1822, a Câmara Municipal da vila aclamou d. Pedro "Regente e Perpétuo Defensor e Protetor do Reino do Brasil."[6] A praça da Regeneração estava ocupada por civis e tropas enviadas dos distritos de Belém e Iguapé posicionadas, bem em frente ao prédio da Câmara. Povo e Tropa responderam ao anúncio da aclamação por meio de "muitos e repetidos vivas a Sua Alteza Real com grande alegria".[7] Em seguida, às nove horas da manhã, houve *Te Deum* na Igreja de Nossa Senhora do Rosário, seguido de mais vivas a d. Pedro e tiros de festim.

A aclamação do Príncipe em Cachoeira significou a adesão da vila ao projeto de Independência dirigido pelo Rio de Janeiro, que então competia com Lisboa pelo controle sobre a província, e a disputa não estava fácil para d. Pedro. A Bahia foi uma das primeiras a aderir às bases da Constituição Portuguesa – a serem elaboradas em Portugal – e o fez antes mesmo do próprio d. João VI, ainda no Brasil, manifestar sua decisão. No início do século XIX, sua população correspondia a cerca de 15% de todo o reino e seu comércio era central para a economia. Salvador era um dos mais expressivos centros comerciais do mundo atlântico e das maiores cidades das Américas, além de importante centro militar. Ficava atrás somente do Rio de Janeiro, onde a família real estava instalada desde 1808.

Em fevereiro de 1822, as ruas da capital da Bahia foram tomadas pelo confronto entre os que eram contra e a favor da Independência de Lisboa. Saques, ataques a casas particulares e quebra-quebras alastraram-se pela cidade. O coronel Inácio Luiz Madeira de Melo, imposto por Portugal como Governador de Armas, ou seja, responsável pelo comando das tropas da província, saiu vitorioso e a capital caiu nas mãos dos portugueses. Muitos soldados, oficiais e civis deixaram a cidade.

A tomada de Salvador foi uma derrota considerável, mas não total. Grande parte de seu desenvolvimento se devia à articulação política e comercial que mantinha com o distrito vizinho, o Recôncavo dos engenhos de açúcar. Nessa região, seria organizada a resistência e as ações ofensivas contra os portugueses, mais exatamente na vila da Cachoeira. Madeira de Melo desconfiou e desde o dia 9 de junho mandou uma canhoneira subir o rio Paraguaçu e estacionar em frente a vila para espionar e se precaver.

Quando o comandante da embarcação ouviu o som dos festins lançados pela população da vila em comemoração à aclamação, não teve dúvidas: era um ataque para ser respondido com balas de canhão. A confusão foi geral. O povo se dispersou e as tropas se entrincheiraram nas duas margens do Paraguaçu: de um lado estava Cachoeira e do outro, o porto de São Félix. Os tiros de fuzis se cruzavam na altura do barco português. Parte de sua tripulação chegou mesmo a desembarcar para obrigar a população – inclusive o Presidente da Câmara Municipal – a apagar as luminárias acessas conforme o costume em dias de celebrações. A batalha durou três dias. Em 28 de junho, o comandante da canhoneira hasteou a bandeira branca. Não conseguiu sequer fugir. A baixa da maré impediu a embarcação de dar a volta e seguir rio abaixo em direção ao mar e de lá para bem longe. Os soldados sobreviventes se renderam e foram capturados. De um lado do rio, em Cachoeira, e do outro, no distrito de São Félix, as casas foram novamente iluminadas em celebração da vitória conquistada, com armas improvisadas e soldados mal treinados. Uma carta foi enviada à d. Pedro para comunicar a aclamação e o ataque "aos honrados cachoeiranos (cujo crime todo consistia em quererem ser brasileiros e súditos de V. A. R.)".[8] Uma a uma, as vilas do Recôncavo proclamaram d. Pedro Defensor Perpétuo do Brasil e, passo seguinte, organizaram seus batalhões.

No meio da batalha, um grupo de militares e civis formou uma Junta Interina, Conciliatória de Defesa. Essa iniciativa permitiu outras vilas do Recôncavo unirem esforços contra o domínio lusitano e a favor da libertação de Salvador das tropas de Madeira de Melo. Em 29 de junho, chegou em Cachoeira uma delegação vinda de São Francisco do Conde e Santo Amaro da Purificação com o objetivo de reformular a Junta Interina para formar uma comissão mais abrangente, que abarcasse outras vilas. O "Conselho Interino do Governo da Provincia da Bahia" foi formado inicialmente por apenas seis membros, com representantes de Cachoeira, Santo Amaro, São Francisco, Maragogipe, Jaguaripe e Pedra Branca. À exceção de Jaguaripe e Pedra Branca, as outras quatro vilas ficavam, em média, a uma distância de cem quilômetros da Serra da Agulha. Posteriormente, juntaram-se a eles representantes de Inhambupe, Abrantes, Itapicuru, Valença, Água Fria, Jacobina, Maraú, Rio de Contas, Camamu, Santarém e Cairú.

A partir de então, haveria dois governos constituídos na Bahia: o do general Madeira de Melo, sediado na cidade de Salvador, apoiado pelos negociantes, por parte dos soldados de primeira linha – as tropas pagas – dos regimentos de milícias e marinheiros obediente às Cortes de Lisboa; e o "Conselho Interino", sediado no fundo da baía de Todos os Santos, sustentado por senhores de engenho, proprietários rurais e representantes do povo descontente de Salvador. A vila da Cachoeira foi escolhida como sede do conselho e centralizou as ações dos partidários de d. Pedro contra Madeira de Melo. Rotas de comunicação foram estabelecidas entre as vilas do Recôncavo e chumbo de igrejas e engenhos confiscados para a preparação de munições. Quando o conselho de representantes se reuniu, em 22 de setembro de 1822, a preparação militar das tropas pró Rio de Janeiro seguia com todo vigor. Nesse mesmo mês, um visitante desconhecido bateu à porta da casa de Maria Quitéria, na Serra da Agulha.

Após o jantar, o emissário do Conselho Interino explicou o objetivo principal de sua visita: recrutar homens para a luta cujos preparativos ocupavam a vila de Cachoeira.[9] É provável que a história narrada à família de Gonçalo Almeida tenha sido menos informativa e mais retórica: falou "longa e eloquentemente" sobre as qualidades de d. Pedro e de d. Leopoldina, a riqueza do Brasil, a situação inaceitável de tão rico reino permanecer sob exploração de um país arruinado como Portugal. O discurso pode ter valido pela refeição e pousada, porque além disso não conseguiu nada. O pai de Maria Quitéria não enviaria escravizados para os combates, também não se voluntararia, nem indicaria um filho para enviar em seu lugar.[10] Argumentou em defesa de suas negativas: "que interesse tinha um escravo em bater-se pela Independência do Brasil?"; estava velho e não seria útil em batalha e, por fim, não tinha filhos com idade suficiente para servir. Ao fim, arrematou: permaneceria onde estava, aguardaria o resultado e serviria ao vencedor.

Após a visita, Maria Quitéria escapuliu de sua casa para a da irmã, Maria Teresa, então casada com José Cordeiro de Medeiros, que morava a pequena distância,[11] para contar as notícias recebidas durante o jantar. Diante da irmã, afirmou, como recordaria depois: "desejaria ser homem para poder juntar-me aos patriotas".[12] Maria Teresa foi categórica: ora essa, para tanto não era necessário ser homem. Abriu o armário e emprestou algumas roupas do marido a Maria Quitéria, que logo partiria para onde as coisas estavam de fato acontecendo.

Quitéria aproveitou a ida de seu pai à Cachoeira, e sem ele sequer imaginar, o acompanhou a uma distância calculada para não ser descoberta e, ao mesmo tempo, obter socorro em caso de perigo.[13] Ao se aproximar da vila, Maria Quitéria vestiu-se à moda masculina e entrou na cidade. Sobre esse dia, uma sexta-feira, provavelmente em setembro de 1822, não sabemos o que de fato ocorreu após sua chegada, onde dormiu, tampouco quem a acolheu. É possível, porém, especular sobre o que pode ter acontecido. A cidade estava ocupada por tropas indisciplinadas, sem "armamento, e munições, dinheiro, e subordinação, segurança e união",[14] homens de diferentes origens, insubmissos, mal armados, sem treinamento ou respeito à hierarquia militar. Deveria ter sido suficiente para controlar qualquer impulso despertado por uma conversa à mesa de jantar na segurança da sede da fazenda com sua família e levar Maria Quitéria a voltar na mesma pisada, mas isso não aconteceu. No domingo estava integrada às fileiras do Regimento de Artilharia, montando guarda.[15]

Algum tempo depois, passou ao batalhão comandado por José Antônio da Silva Castro e vestiu seu uniforme de punho e golas nas cores verde e amarela. Esse batalhão foi organizado em meio aos diversos corpos armados montados pelos donos de engenho da região após o ataque da canhoneira à Cachoeira. Numa época em que uniformes militares eram, geralmente, vermelhos ou azuis, tornaram-se uma das unidades mais conhecidas da guerra, e a novidade introduzida em seu fardamento rendeu o nome pelo qual ficou famoso: "Batalhão de Periquitos".[16] O número de soldados era limitado. O "Conselho Interino do Governo da Província da Bahia" não reuniu mais do que 1500 homens, entre milicianos e as tropas que fugiram de Salvador. Os suprimentos eram poucos, mas ainda assim as primeiras ofensivas começaram. Em 29 de outubro de 1822, Maria Quitéria deixou a Comarca onde nasceu e viveu para acompanhar seu batalhão na defesa da ilha da Maré, na Baía de Todos os Santos.

Entre julho e agosto de 1822, as tropas antiportuguesas se posicionaram nas colinas do Cabrito e do Pirajá, caminho para Salvador; na vila de Nazareth, principal fornecedora de farinha para a capital, na passagem do Funil e na barra do rio Paraguaçu. Era preciso impedir que Madeira de Melo bloqueasse o acesso do Recôncavo ao mar e com isso a exportação do açúcar, cujo comércio poderia ser utilizado nos esforços de guerra. Ao mesmo tempo, as vilas do entorno precisavam ser protegidas, a comunicação com Salvador cortada, assim como o envio de suprimentos. A capital não produzia o suficiente para sua subsistência, e qualquer alteração colocaria em risco o abastecimento da cidade, facilitando a sua retomada.[17]

Do outro lado, as ofensivas de Madeira de Melo ganhavam intensidade. Em julho de 1822, uma flotilha tenta tomar Nazareth, mas é repelida. Nesse mesmo mês, outra tentativa de desembarque é realizada, dessa vez na praia próxima à fortaleza da Ponta da Saubara, em Santo Amaro da Purificação, mas acabou igualmente rechaçada pelas tropas do Recôncavo. Em agosto, uma esquadra portuguesa chega em Salvador, os portugueses atacam Maraú e perdem. Setembro foi a vez do engenho de São João, vizinho à colina do Cabrito nas proximidades de Salvador e, mais uma vez, os homens de Madeira de Melo foram derrotados. Em outubro, nova leva de reforços são enviados de Lisboa, uma esquadra com dez navios e três batalhões. No início de 1823, a guarnição de Salvador contava com 8.621 soldados, sendo 3.540 deles homens do Exército de Portugal.[18]

Nessa mesma ocasião, em fevereiro de 1822, Maria Quitéria foi citada na ordem do dia por sua coragem ao enfrentar e fazer prisioneiros entre as tropas portuguesas durante batalha em Itapuã. Os navios enviados do Rio de Janeiro, trazendo o Batalhão do Imperador em auxílio ao Exército Pacificador, – nome com o qual as tropas em defesa da Independência passaram a ser conhecidas – chegavam na Bahia e era preciso garantir o desembarque. Para desviar a atenção dos inimigos, o general Pierre Labatut atacou as linhas portuguesas em Conceição e Itapuã. Cinquenta portugueses morreram no confronto. O plano funcionou e o desembarque foi realizado com sucesso. Labatut fez de Maria Quitéria Primeiro Cadete do Batalhão nº 03 do Exército Pacificador, o "Batalhão dos Periquitos". Antes desse episódio, em 9 de novembro de 1822, um dia depois após a batalha do Pirajá, cuja vitória contra os portugueses garantiu o reforço sobre o cerco à Salvador, tropas do general Madeira de Melo foram forçadas à retirada pelo Batalhão dos Periquitos depois de tentarem surpreender soldados pró-independência, na Estrada da Pituba. Maria Quitéria estava lá.

Em abril de 1823, quando tomou parte na defesa da ilha de Itaparica estava claro para todos tratar-se de uma mulher. Apesar de não se saber ao certo quando Maria Quitéria foi identificada pelos seus companheiros e superiores, uma portaria de 28 de março de 1823, do Conselho Interino do Governo, instruiu o Inspetor dos fardamentos, montarias e misteres à entregar "ao cadete Maria Quitéria, dois saiotes de camelão ou de outro pano semelhante e uma fardeta de polícia"[19] e, no dia 31 do mesmo mês, outra ordem manda que lhe seja fornecida uma espada. Para deixar ainda mais evidente essa condição, sua farda foi adaptada com a sobreposição de um saiote. Considerando a situação precária das tropas, com soldados descalços que vestiam fardas rasgadas, parece evidente que a produção da peça para uso exclusivo atendia ao objetivo de tornar incontestável um dado de realidade. A inclusão do saiote permitia que homens e mulheres se identificassem com essa heroína capaz de demonstrar força de vontade e personalidade como protagonista de uma história que inspiraria mais pessoas a fazerem como ela.

Em 1800, a poeta e dramaturga francesa Constance Pipelet afirmou: o mérito não tem sexo.[20] Atualmente, para muitas pessoas essa constatação soaria como algo um tanto óbvio. Nas primeiras décadas do século XIX, no entanto, esse entendimento estava longe de ser senso comum. Devido ao fato de ser mulher, Maria Quitéria não poderia sequer provar seu mérito em defesa do projeto de Independência do Brasil no qual acreditava. Precisaria ser homem ou pelo menos se passar por um. Tirar do corpo os cetins, fivelas, cordões, pulseiras, braceletes, bentinhos, camisas de cambraia bordada[21] para portar um par de calças e garantir seu acesso ao lugar no qual as ações estavam de fato acontecendo. A calça é um representante visual dos privilégios reservados aos homens, um dos marcadores de identidade de gênero mais poderosos da história moderna, principalmente ao ocupar o cerne das disputas por quem teria o direito de vesti-las.[22]

A mulher que se distinguiu "em toda a campanha com indizível valor, e intrepidez", e que nas "três vezes que entrou em combate apresentou feitos de grande heroísmo, avançando de uma, por dentro de um rio com água até aos peitos, sobre uma barca, que batia renhidamente nossa Tropa"[23] precisou ser primeiro identificada como homem para depois ser reconhecida por suas ações pelo comandante do Exército Pacificador, José Joaquim de Lima e Silva, bem como recomendada à Secretaria de Estado dos Negócios da Guerra. Mas ser um soldado não era exatamente o sonho de todo garoto naquela época. Em 1800, o comandante da guarnição de Salvador discursou sobre o horror com que a profissão militar era encarada pela população. Os pais consideravam uma ingerência indevida em sua autoridade quando algum dos seus filhos eram recrutados como soldados. Era preferível ordená-los padres, afirmavam.[24] Os homens brasileiros não eram afeitos ao serviço militar e a deserção era um problema crônico. Maria Quitéria não apenas se voluntariou como permaneceu até o fim da guerra e tomou parte na entrada triunfal do Exército Pacificador em Salvador, após a expulsão dos portugueses da capital.

A preocupação com o número reduzido de soldados, a dificuldade dos pais em lidarem com o recrutamento de seus filhos, as deserções e a extensão do recrutamento à população escravizada demonstram a profundidade da decisão tomada por Maria Quitéria em participar das lutas pela Independência no *front*. Maria Quitéria se recordaria do argumento utilizado pelo emissário do Conselho Interino para convencer seu pai a auxiliar as tropas no combate aos portugueses: "a felicidade que poderia alcançar com a Independência".[25] O interlocutor referia-se ao Brasil, e ela por certo entendeu, mas nesse período, assim como para indígenas e escravizados, a luta pela Independência estava diretamente ligada à liberdade. E no caso de Maria Quitéria, para além do genuíno espírito patriota que a mobilizava, se engajar numa missão então vedada a uma mulher representaria a conquista de liberdade – e felicidade.

Nos primeiros meses dos conflitos na Bahia, quando Quitéria entrou para o "Batalhão dos Periquitos", a grande maioria das adesões para lutar na guerra foram voluntárias. Ao término de 1822, esse cenário mudou e a necessidade de recrutamento forçado começou a ser considerada, inclusive com o uso de violência sobre os resistentes em atender "os clamores da mesma pátria".[26] Em outubro daquele ano, o mercenário Pierre Labatut, contratado por d. Pedro para o comando geral das tropas, chegou ao Recôncavo e estabeleceu seu comando militar no Engenho Novo. A falta de homens para compor as tropas o levou a insistir junto ao Conselho Interino pelo recrutamento de pretos libertos, assim como pela contribuição voluntária de escravizados por parte dos senhores de engenho. O Conselho relutava em armar esses homens, mas a composição das fileiras acabou alterada com a inclusão de pretos e pardos. Eles foram recebidos como uma ameaça a posição dos outros soldados, identificados como homens livres e brancos, e provocaram terror entre os donos de engenho, temerosos de armá-los e depois se verem às voltas com um levante.[27]

Rumores corriam sobre a possibilidade de os escravizados serem libertados ao se apresentarem como voluntários. Um pouco antes do fim da guerra de Independência, quando Pierre Labatut já havia sido destituído do comando do Exército Pacificador e José Joaquim de Lima e Silva ocupou seu lugar, o novo comandante, favorável à permanência dos escravizados nas tropas, afirmou: "nada me parece mais duro do que retorná-los à escravidão".[28] Enviá-los para a guerra no lugar de seus senhores acabou tornando-se prática durante a guerra tanto entre portugueses quanto nos batalhões favoráveis à Independência, o que suscitou intensos debates. Não há conhecimento de nenhum debate semelhante relacionado às mulheres nesse período. Naqueles dias, essa possibilidade não era argumentável, nem mesmo imaginável.

Sabemos como a inserção de escravizados provocou polêmica entre as forças civis-administrativas – sediadas em Cachoeira, – e as militares – estabelecidas no Engenho Novo – e do desconforto provocado entre os soldados. Mas, como esses mesmos homens reagiram à presença de uma mulher em seu meio, no campo de batalha, não há pistas. Também Quitéria não deixou nenhum registro de suas ações, tampouco sentimentos, motivações. Não sabemos como fazia para tomar banho, onde dormia, suas impressões, se tinha medo, se pensava na irmã, nas matas em torno da Serra Agulha, se queria ou não voltar para casa.

Ao contrário de uma extensa tradição de registros de batalhas feitos por oficiais e soldados durante guerras ocorridas nos mais diferentes contextos históricos, sobre as experiências de Maria Quitéria em Itapuã, barra do Paraguaçu, ilha da Maré e ao longo de todo período que fez parte do "Batalhão dos Periquitos", pesa um enorme silêncio. Nem mesmo a inglesa Maria Graham interessou-se em perguntar quando esteve com ela na Corte e registrou sua história a partir do seu próprio depoimento. A confiabilidade das palavras registradas no diário de Graham não pode ser total, é claro. Quem ouvia era pessoa próxima à Imperatriz Leopoldina, indicada preceptora da jovem princesa d. Maria da Glória, disposta a acolher manifestações de apoio ao projeto do jovem Imperador, ainda mais quando ditadas por uma personagem com trajetória tão indicativa do nível de mobilização popular provocado pela causa de d. Pedro. Do outro lado, quem contava precisava de justificativa para sua surpreendente decisão, e provavelmente disse o que lhe parecia ser mais conveniente: "Senti o coração ardendo em meu peito".

A versão de uma independência pacífica conquistada pela ação de um jovem e inexperiente príncipe, insubmisso às ordens de Lisboa, porém forte e perspicaz para agir no momento certo e generoso o bastante para conquistar o amor do povo que o acolhera[29] foi forjada sobre o esquecimento das guerras que levaram a ruptura com Portugal e todas as situações implícitas nessa situação: morte, fome, medo, doenças. As consequências desse apagamento são inúmeras, mas interessa, em particular, a visão desfocada que lançou sobre as ações de Quitéria, cujo ineditismo aparece sempre turvo, sob uma sombra, ao alcance dos olhos, mas impossível de discernir claramente.

Ao fim da guerra de independência na Bahia, o número de mortos e feridos pode ter sido superior a dois mil, sem contar as mortes provocadas por doenças. O conflito mobilizou cerca de dezesseis mil brasileiros e quinze mil portugueses. Faltava pólvora, fardamento, mantimentos, cirurgiões e medicamentos para acudir os feridos e "quantos enfermos se entregarem ao cirurgião, podemos contar com eles na sepultura".[30] Há relatos de soldados que chegaram a passar seis dias sem ter o que comer.[31] A guerra durou um ano e cinco meses, contados a partir do início dos confrontos pelas ruas Salvador, em 19 de fevereiro de 1822. Maria Quitéria tomou parte em pelo menos oito desses dezessete meses.

Foi um conterrâneo que melhor discerniu, no seu tempo, a questão provocada por Quitéria ao se alistar nas tropas que lutariam contra a Coroa Portuguesa. Seu nome era Cipriano Barata. Poucos personagens da vida política do império misturaram com tanta intensidade crítica ao absolutismo, identidade provincial, defesa dos direitos civis com paixão, carisma e retórica inflamada. Poucos personagens também traduziram essa mistura em apelos de mobilização e animação dirigidos ao mesmo alvo: o povo e as províncias. Barata acreditava na importância de morrer pela pátria, pelo bem comum. Já próximo aos sessenta anos, em fins de 1820, foi acusado de tramar a Independência do Brasil nas ruas de Salvador. Atuou nas Cortes de Lisboa, em 1821, como deputado eleito pela Bahia e fundou, em 1823, o jornal *Sentinela da Liberdade* que daria origem, por todo o país, a uma rede de comunicação e solidariedade política. Naquele ano, sem pudor, ele colocou o dedo na ferida:

> a baiana Sra. D. Maria Quitéria de Jesus Medeiros, feita agora Capitão do Batalhão do Imperador, que nova Clorinda, mostrou ao arrogante Madeira quão grande é o valor do sexo feminino brasileiro, e quão maior é a injustiça, que por costume os homens se lhe fazem em crê-lo, e tê-lo por inferior a si.[32]

Ao fim da guerra, Maria Quitéria estava na Corte, em plena capital do Império do Brasil, onde receberia de d. Pedro a Ordem Imperial do Cruzeiro, no grau de cavaleiro, bem como a garantia do soldo de Alferes até o fim de sua vida. Em 19 de agosto de 1823, o *Diario do Governo* informou que, no dia 16 daquele mês, havia desembarcado no porto do Rio de Janeiro o navio *Leal Português*. Dentre a tripulação, estava "o cadete do Batalhão do Imperador, d. Maria de Jesus Medeiros". Seguiu para o Rio de Janeiro como uma das emissárias que levariam a notícia da vitória contra os portugueses na Bahia à d. Pedro e recebeu de suas mãos a comenda de "Cavaleiro da Ordem Imperial do Cruzeiro" por se distinguir, como consta no decreto, "em ocasiões das mais arriscadas de combate, em que sempre se portara heroicamente". Na ocasião, Quitéria recebeu também um aumento de salário. Mais importante, obteve uma fonte de renda própria – vitalícia – para usar como bem entendesse, sem a intromissão de pai, marido ou irmão. Em outras palavras, conquistou sua independência financeira.

Alguns biógrafos afirmam que ela pediu ao imperador para interceder a seu favor pelo perdão do pai e foi atendida. Esse documento, no entanto, jamais foi encontrado. O fato é que depois de uma intensa estadia na Corte, Maria Quitéria voltou para a Bahia e foi direto para a casa paterna. Ao chegar à fazenda foi saudada com entusiasmo por parentes e irmãos. Seu pai, contudo, dizem, retirou-se da varanda sem dirigir-lhe uma palavra sequer.

NOTAS

1. D. L. Santiago, *História da guerra de Pernambuco e feitos memoráveis do mestre de campo João Fernandes Vieira herói digno de eterna memória, primeiro aclamador da guerra*. Recife: Fundarpe, 1984.

2. L. A. Simas; L. Rufino. *A ciência encantada das macumbas*. Rio de Janeiro: Mórula, 2018, p. 89.

3. R. Prandi, *Herdeiras do Axé*, 1996, pp. 139-64.

4. Inventário dos bens que ficaram por falecimento de Quitéria Maria de Jesus, continuado com o viúvo seu marido Gonçalo Alves de Almeida. Junho, 1802. Apud P. Reis Junior, p. 21.

5. F. Spix; C. Martius, *Viagem pelo Brasil (1817-1820)*. v. 2, 2017, p. 187.

6. Ata do dia 25 de junho na Câmara da Vila da Cachoeira. In: M. P. Pereira, *O processo de independência do Brasil no Recôncavo Baiano: política, guerra e cultura (1820 – 1823)*, 2021, pp. 196-97.

7. Ibidem.

8. Apud L. H. Tavares, *História da Bahia*. Salvador: UFBA, 1974.

9. M. Graham, *Diário de uma viagem ao Brasil*, 1953, p. 330.

10. Ibidem.

11. P. Reis Junior, op. cit., p. 41.

12. M. Graham, op. cit., p. 330.

13. Ibid., pp. 330-31.

14. M. C. D. P. Almeida, *Relatório dos trabalhos do Conselho Interino de Governo da província da Bahia*, 1823, p. 4.

15. M. Graham, op. cit., p. 331.

16. H. Franchini Neto, *Independência e morte: política e guerra na emancipação do Brasil (1821-1823)*, 2019.

17. Ibid., p. 327.

18. Ibidem.

19. Apud P. Reis Junior, op. cit.

20. L. Hunt. *A invenção dos direitos humanos: uma história*, 2009, p. 175.

21. Sobre o vestuário das mulheres na Bahia, no século XIX, ver K. Matoso, *A opulência na província da Bahia*. In: *Historia da vida privada*, v. 2. São Paulo: Companhia das Letras, pp. 157-59.

22. Sobre isso, ver V. Starling, *Não é só para ela: os muitos gêneros da moda*. (No prelo).

23. DIÁRIO do Governo, 30 de agosto de 1823.

24. Apud H. Kraay, *Política racial, estado e Forças Armadas na época da Independência da Bahia (1790-1850)*, 2001, p. 95.

25. M. Graham, op. cit., p. 330.

26. Apud H. Kraay, op. cit., p. 193.

27. Ibidem.

28. Ibid., p. 197.

29. Maria de Lourdes Viana Lyra, *Memória da independência: marcos e representações simbólicas*. In: *Revista Brasileira de História*. v. 15. nº 29. São Paulo, pp. 175-206.

30. Apud H. Franchini Neto, *Política racial, estado e Forças Armadas na época da Independência da Bahia (1790-1850)*, 2001, p. 95.

31. Ibid., Op. cit., p. 396.

32. *SENTINELA da Liberdade a Beira-Mar da Praia Grande*, 1823, p. 59, nº15.

MARIA LEOPOLDINA DA ÁUSTRIA
Rio de Janeiro

A COROA QUE LHE CABE: LEOPOLDINA E A AVENTURA DE FAZER UM BRASIL

Virginia Siqueira Starling

A carta era confidencial, urgente – e não foi entregue na hora certa. Ela vinha na esteira de uma tempestade de rumores e incertezas, e carregava um peso político grande o suficiente para jogar no colo de seu destinatário, o major alemão Georg Anton von Schäffer, um dilema capaz de provocar uma bela dor de cabeça.

O texto da carta era um pouco confuso. Faltavam palavras para dar sentido completo às frases. Pelo visto, a remetente estava em um estado de grande agitação quando sentou à mesa para escrever em alemão e de próprio punho a missiva. Ao lacrar o envelope, ela deve ter sentido que selava também uma decisão grandiosa, daquelas que transformam de uma só vez o futuro.

Se aquela versão de futuro dependia de uma carta, realmente não era para acontecer. Pois o major Schäffer não estava no Rio de Janeiro, onde morava e trabalhava, e, portanto, não recebeu sua correspondência. Schäffer era também médico e naturalista, e vivia no Brasil desde o início de 1821. Foi apenas semanas mais tarde, quando o problema já havia sido resolvido por outras mãos, que o major descobriu como poderia ter desempenhado um papel mirabolante na vida de uma certa princesa. E, por conseguinte, na história do Brasil.

Pode ser que Schäffer tenha sido acometido por uma onda de remorso. Talvez seja por isso que anotou, em uma cópia da carta, a data de seu recebimento – 28 de abril de 1821. Entretanto, o mistério de por que uma mensagem de tamanha importância não mereceu resposta, bem como a razão que explica o registro pouco usual do dia em que foi entregue ao major, são menos relevantes do que o conteúdo da correspondência e o que ele revela de sua remetente. Pois dizia respeito a uma tentativa de fuga, que desobedecia às ordens expressas de um rei e às vontades de um imperador. E vinha das mãos de uma princesa grávida, teimosa, e que não daria o braço a torcer.

Dona Leopoldina estava disposta a tudo para conseguir o que queria. Nesse caso, "tudo" significava embarcar em um navio clandestino e secreto rumo a Lisboa; e o que queria era evitar uma separação de duração indeterminada de seu marido, d. Pedro, herdeiro do trono português. A situação não lhe era muito favorável. As Cortes Gerais, Extraordinárias e Constituintes da Nação Portuguesa, convocadas após a eclosão da Revolução do Porto, exigiam o retorno imediato da família real a Portugal. A princípio, d. João VI, soberano do Reino Unido de Portugal, Brasil e Algarve, fingiu que nada estava acontecendo e esperou que os ânimos se acalmassem – uma reação pouco sábia a um movimento que sacudiu a nação portuguesa. Logo, porém, chegou a hora de tomar uma atitude, e os burburinhos se tornaram discussões em alto e bom som acerca da partida de algum membro da casa real. Se não seria d. João, que embarcasse então o filho mais velho, simpático às ideias liberais da revolução e herdeiro dos tronos de Portugal e do Brasil. Em um despacho oficial de 7 de fevereiro de 1821 a Viena, consta a informação de que d. Pedro seria nomeado condestável para assumir, em nome do pai, o governo provisório do reino.[1] Mas havia um problema. Pedro iria sozinho, sem sua esposa, supostamente devido à gravidez avançada da princesa e a fim de evitar que um grande número de membros da família real deixasse o Brasil de uma só vez.

Leopoldina não mordeu a isca. Pelo contrário: suspeitava das motivações de d. João e companhia, e recusou-se de forma categórica a permitir que o marido seguisse para Portugal caso ela permanecesse no Rio de Janeiro. Avaliava que a medida seria um artifício para retê-la como uma espécie de garantia pela lealdade do príncipe, em quem o rei não confiava plenamente. E temia que sua estadia no Brasil, enquanto d. Pedro lidava com as Cortes, não fosse temporária, mas uma medida a longo prazo para manter Pedro na linha e assegurar a continuidade de sua família no poder. Afinal, se os planos de d. João funcionassem, ele teria em mãos a princesa e dois herdeiros na América, ao passo que o filho mais velho estaria na Europa. Controlaria, assim, suas duas principais possessões.

A princesa não titubeou. Desde que entendeu a dimensão e os riscos da separação, dispôs de seus contatos com representantes austríacos e portugueses para pôr um fim às conversas que tanto lhe consternavam. Leopoldina não descartou meio algum, nem mesmo a "revolta", conforme escreveu para o barão von Stürmer, representante da Áustria no Brasil. E fechou a mensagem com um aviso: Se a influência dele não desse conta de adiar a partida de Pedro ou garantir que ela o acompanhasse, atrairia para si "toda a [sua] ira e todo o [seu] ódio de que haverá de pagar mais cedo ou mais tarde".[2]

Uma ameaça dessas, vinda de uma Habsburgo, deve ser levada a sério. Stürmer sabia disso e foi logo procurar o conde de Palmela, ministro português – que não só admitiu os planos de d. João, como alegou que não poderiam correr o risco de perder Portugal apenas para manter o casal unido. O barão austríaco, que, possivelmente, queria ficar o mais longe que conseguisse da fúria de Leopoldina, tentou argumentar com Palmela que a decisão era injusta, a felicidade doméstica da princesa estava ameaçada e o imperador da Áustria tinha lá suas expectativas quanto ao sucesso do matrimônio de sua filha. O conde não se deixou convencer por completo e os dois chegaram a um acordo. Stürmer usaria sua influência para acelerar a partida de d. Pedro e persuadir Leopoldina a aceitar a separação temporária; Palmela trabalharia para garantir que o jovem casal se reencontrasse o quanto antes.

Ao tentar cumprir sua parte do pacto, Stürmer encontrou uma Leopoldina excitadíssima. Ela avisou que nada a impediria de embarcar no primeiro bote que visse em sua frente para estar com o marido ou, no pior dos casos, para voltar à Áustria. Temia que ninguém a deixasse voltar à Europa, sabia que ficaria à mercê das intrigas da Corte portuguesa no Rio de Janeiro e antecipava uma vida de infelicidade e solidão. O barão von Stürmer ficou impressionado com a firmeza das convicções da princesa e, por mais que tenha tentado dissuadi-la, falhou em sua missão. O tempo corria. Tudo parecia ir contra seus desejos e a Leopoldina restou Schäffer, o major alemão, a quem recorreu para pedir nada mais, nada menos do que um navio clandestino prestes a zarpar para Portugal. Pois não havia alternativa, segundo ela, a não ser "procurar [sua] salvação na fuga, legitimada pelo consentimento de [seu] esposo".[3]

Por pouco, Schäffer não foi pego no fogo cruzado de políticas divergentes, em um palco movimentado por uma Corte constitucional revolucionária, um monarca indeciso e um time de conselheiros, diplomatas e ministros ávidos por garantir que seus interesses fossem favorecidos. No meio de tudo isso estava a princesa, dividida entre seu senso de obrigação para com a família na qual entrara após o casamento e a sua própria avaliação dos acontecimentos. Leopoldina contava com Schäffer e, sob grande sigilo, solicitava um navio seguro, com espaço suficiente para uma família de seis pessoas, e uma boa ama de leite. Ela antecipava dar à luz em alto mar a uma criança que não seria "nem brasileira nem portuguesa".[4]

Tamanha tenacidade valeu à pena. Leopoldina comprou a briga e ganhou. D. João cedeu às investidas constantes da princesa e ela permaneceu no Brasil, ao lado de d. Pedro. O príncipe herdeiro João Carlos, segunda criança do casal, nasceu no Rio de Janeiro em março de 1821; no mês seguinte, o rei embarcou, muito a contragosto, de volta para Lisboa. A determinação com que dona Leopoldina enfrentou as forças contrárias à sua decisão de não acatar uma separação do marido é notável, especialmente quando se opôs a um elemento particular do raciocínio de Stürmer em uma de suas audiências.

O barão deve ter imaginado que havia escolhido bem sua linha de argumentação. Para convencer Leopoldina, disse que ela precisava realizar mais um sacrifício, o de pôr em segundo plano sua felicidade para privilegiar a da família, do povo e do país ao qual pertencia. Sacrifício, aqui, é uma palavra fundamental. A própria Leopoldina usava o termo com frequência e estava mais do que acostumada ao ato de priorizar os interesses e as determinações da Coroa e do governo em detrimento das suas vontades e do seu conforto. Sua correspondência, sobretudo a que trocava com Maria Luísa, sua irmã favorita, revela como era profunda sua obediência às convenções e expectativas vinculadas aos papéis de arquiduquesa, princesa, esposa e mãe. Ela não se lamentou quando precisou deixar para trás a família e o lar na Áustria para cruzar um oceano e se casar com um perfeito desconhecido; pelo contrário, fortalecia sua decisão com a convicção de que agia da forma adequada, para cumprir a vontade do pai, e o desejo de "corresponder à confiança"[5] depositada na união entre o herdeiro do trono português e uma filha da casa da Áustria. Abandonar o berço, distanciar-se da família e se aventurar mar afora faziam parte do dever de "ser útil à amada pátria"–[6] e não deixavam de ser etapas do processo de amadurecimento de uma jovem de vinte anos. Para a tia Maria Amélia, ainda em Viena, Leopoldina escreveu, com todas as letras, que enxergava a mudança como um detalhe típico da vida de uma princesa:

> Confesso que o sacrifício que devo fazer deixando minha família, quem sabe para sempre, será muito doloroso para mim; mas esta aliança dá muito prazer a meu pai; separando-me dele terei o consolo de saber que me conformei a seus anseios, estando convencida de que a providência dirige, de uma forma particular, o destino de nossas princesas e de que obedece à sua vontade quem se submete aos pais.[7]

Mas princesas também têm seus limites. Para Leopoldina, as intenções da Corte portuguesa em separá-la do marido não eram, de maneira alguma, coerentes com a interpretação que fazia do seu dever como esposa e Alteza Real. Se fosse mesmo questão de sacrificar a proximidade do casal pelo bem da pátria, tudo bem, explicou ela ao seu pai assim que a situação se acalmou. Daquele jeito, não passavam de "razões particulares e más"[8] e, se dependesse dela, iria junto com d. Pedro para Portugal, tratar diretamente com as Cortes. Leopoldina avaliou que havia sacrifícios e sacrifícios, e daquela vez não iria ceder.

Contradizer as determinações da Coroa portuguesa não era um ato corriqueiro para dona Leopoldina. Por outro lado, era possível que pensasse compensar a aparente desobediência às regras com a noção de que, no fundo, seguia à risca os valores aprendidos desde sua infância. Autêntica Habsburgo austríaca, Leopoldina jurava respeitar a autoridade máxima do trono e observar os estritos preceitos da responsabilidade monárquica. Se, a seu ver, o trono porventura agisse errado, a ela ficaria o direito (e o dever) de ajustar a rota de volta à direção correta. Nesse caso específico, a responsabilidade monárquica que cabia ao seu papel era, justamente, a de acompanhar o marido, junto com a filha primogênita do casal, a princesa Maria da Glória, e o bebê prestes a nascer. Haveria reverência à continuidade dinástica mais irrefutável que o cuidado com os herdeiros? Para Leopoldina, ficar no Brasil abanando lencinhos em despedida ao intrépido marido, que partia para *fazer política*, impedia a realização de seu trabalho, aquele que a levara ao Rio de Janeiro em primeiro lugar.

O casal garantiu que permaneceria unido. Àquela altura, a possibilidade de que eles eventualmente voltassem à Europa era bastante palpável. O coração de Leopoldina se encheu de esperança: enfim poderia rever a família e os velhos amigos. De Lisboa, teria mais chances de viajar para encontrar Maria Luísa. E passara tempo suficiente em terras sul-americanas para abandonar o deslumbre inicial com as paisagens e declarar o clima insuportável. Talvez o verão carioca fosse quente demais para quem nasceu em uma manhã gélida do inverno austríaco, quando a neve rodopiava sobre os telhados de Viena e cobria tudo em um silêncio branco e ensurdecedor. Em retrospecto, soa irônico que, meses depois, Leopoldina defendesse com vigor a permanência de d. Pedro – e a sua própria – no Brasil. As circunstâncias estariam para mudar de maneira ainda mais drástica.

Leopoldina caminhava, sem jamais imaginar, em uma direção irreversível. Ela estava prestes a abdicar do tão desejado retorno à Europa, ao lar Habsburgo, para escolher o Brasil. Mas havia uma grande diferença entre este sacrifício e o proposto por Stürmer, em nome da família e da monarquia portuguesas. Dessa vez, tratava-se de uma decisão feita e executada pela própria Leopoldina, em nome de si mesma, do Brasil e de um novo império nas Américas, cheio de promessa e futuro.

Noivas Habsburgo: dos campos de batalha aos trópicos na América

O acampamento do exército austríaco estava em polvorosa. Os soldados passavam as horas com as armas ao alcance das mãos, pois a ordem de partir para a batalha poderia vir a qualquer momento. No quartel-general em Brno – hoje a segunda maior cidade tcheca – o imperador Francisco I ouvia da esposa, a imperatriz Maria Teresa de Nápoles e Sicília, discursos preparados especialmente para insuflar sua coragem.

Francisco precisava mesmo de uma injeção de ânimo. Era a terceira guerra de coligação em que a Áustria, junto com outras nações europeias, enfrentava a França napoleônica. Na mente do imperador, uma série de imagens girava sem parar, como em uma valsa infernal: seu grande inimigo, Napoleão Bonaparte, fazia sua entrada triunfal em Viena, em 14 de novembro de 1805.

Maria Teresa odiava Napoleão com todas as suas forças. Ela escolheu alguns apelidos para o recém-coroado imperador francês – "anticristo", "grande fera", "corso sanguinário", "personificação do demônio".[9] Nesse caso, o ódio era por razões profundamente pessoais. Napoleão ascendera ao topo como herdeiro da revolução que decapitou a tia da imperatriz, a rainha da França Maria Antonieta, e, de quebra, colocou em risco a estabilidade dinástica de monarquias e impérios em toda a Europa. A última derrota de Francisco para os franceses fora na guerra de 1799-1801. Estava prestes a perder de novo.

Quando decidiu acompanhar o marido nos preparativos para a batalha, Maria Teresa não foi sozinha. Ela levou consigo uma de suas filhas, a pequena Leopoldina, com oito anos de idade. O resto da família imperial seguira para Buda, na Hungria, fugindo do exército francês. Maria Teresa pensara diferente. Decidiu que precisava enfrentar a própria saúde debilitada para combater, da forma como podia, a ameaça napoleônica.

Seria impossível que Leopoldina estivesse imune ao que acontecia ao seu redor. Sua rotina de estudos e brincadeiras com os irmãos foi interrompida para que todos escapassem das tropas francesas, que estavam em rápida aproximação. Em Brno, não havia aulas, peças encenadas em família ou os passeios pelos jardins em estilo inglês do palácio de Laxenburg. Napoleão não batera à porta – ele já tinha entrado. A frustração do pai, a valentia exacerbada da mãe, e a tensão que marcava a vida no acampamento militar austríaco podem ter resultado em uma lição inesquecível para a arquiduquesa: havia um custo alto necessário para manter a coroa na cabeça. Leopoldina aprendeu cedo que política e diplomacia não são tarefas simples, e que não raro é preciso comprometer os próprios interesses para garantir a salvação de um bem maior. E o bem maior seria, sempre, a ordem monárquica.

A ameaça napoleônica permeou a infância e o início da adolescência de Leopoldina. A estadia em Brno terminou abruptamente, após Áustria e Rússia serem derrotadas pela França na batalha de Austerlitz, em 2 de dezembro de 1805. Francisco e sua família precisaram engolir o fato de que, durante as duas semanas de sua estadia em Viena, Napoleão ocupou, sem a menor cerimônia, uma das adoradas residências dos Habsburgo – o palácio de Schönbrunn. A fuga seguinte de Maria Teresa e Leopoldina as levou para a região da Silésia, hoje na fronteira entre a Tchéquia e a Polônia; apenas em 1806 as duas retornariam para Viena, uma vez assinada a paz de Presburgo e o Império Austro-Húngaro ter se submetido às exigências francesas. Não era a aparição final de Napoleão na vida da arquiduquesa. Em 1809, ele tornaria a invadir Viena e a morar em Schönbrunn, por um período prolongado durante o qual teve o costume de realizar revistas regulares das tropas no pátio do palácio, observadas de perto pela população vienense. E, no ano seguinte, Leopoldina aguentaria o choque de ver sua irmã Maria Luísa se casar com o "corso sanguinário", em um matrimônio arranjado pelo chanceler Clemens von Metternich para aliviar os rígidos termos do último tratado de paz assinado entre França e Áustria.

 É provável que o casamento de Maria Luísa e Napoleão também tenha sido mais uma lição valiosa para Leopoldina. A noiva, então com 18 anos, havia se apaixonado por um primo alemão e achava que a decisão seria um suplício pior do que qualquer martírio que pudesse imaginar. Mas acatou os mandos vindos de Francisco I, ordem duplamente poderosa por partir de um homem que era, ao mesmo tempo, a figura paterna e a encarnação máxima do poder Habsburgo. Por um lado, Francisco tinha Maria Luísa como sua filha favorita; por outro, trabalhou com afinco para construir, ao longo de seu reinado, a imagem do "pai de todos", um imperador que acolhia os súditos como seus filhos. Entre agradar à arquiduquesa e resguardar a paz em seu império, ao menos por algum tempo, Francisco escolheu a segunda opção. O povo austríaco não ignorava essa dinâmica complicada e compareceu em massa à procissão do casamento, em março de 1810, para ver a arquiduquesa que sacrificava sua felicidade em nome da pátria.

Leopoldina testemunhou tudo isso. Em uma pintura datada de 1812, feita por Pauline Auzou, a futura imperatriz do Brasil aparece agarrada à Maria Luísa, que se despede da família antes de partir para a França. Leopoldina é a única das irmãs que demonstra de forma explícita seu afeto à esposa de Napoleão; entre os arquiduques e arquiduquesas mais jovens, só ela parece compreender o que de fato está acontecendo. Enquanto os outros brincam, Leopoldina abraça Maria Luísa pela cintura, encosta a cabeça em seu ombro e, muito provavelmente, tenta se apegar à memória física da irmã que não veria mais.

O sofrimento provocado pela separação de sua amiga mais próxima é nítido. Internamente, porém, Leopoldina absorvia a moral da história: o destino de uma princesa está à mercê dos caprichos da coroa. E o seu destino não tardaria a chegar. Durante as celebrações do casamento de sua irmã Maria Clementina com o tio Leopoldo, príncipe de Salerno, havia indícios de que as tratativas para o matrimônio de Leopoldina já se acertavam. "Graças a Deus espero não me tornar mais a mineralogista da Corte", escreveu a arquiduquesa, aliviada, a Maria Luísa.[10] Ela se referia a uma espécie de piada interna da família: o pai de Leopoldina dizia que, caso ela não arrumasse um marido, ele lhe daria um cargo de mineralogista oficial da família – ocupação que nem de longe a agradava como uma perspectiva satisfatória para seu futuro. Leopoldina queria que "o destino de todas as mulheres" – isto é, o casamento – também se tornasse o seu.[11]

Para a sorte de historiadores, da academia e de qualquer interessado no assunto, a correspondência de Leopoldina com

Maria Luísa era íntima o suficiente para expor suas emoções, expectativas, inseguranças e desejos. Em setembro de 1816, ela revela à irmã que, na época do casamento de Maria Clementina e Leopoldo, foi convocada pelo imperador aos aposentos dele no palácio de Schönbrunn. Tendo em vista a onda de rumores que vinha atiçando sua imaginação, e o fato de que estava prestes a completar vinte anos, ela certamente imaginava o que seria aquela conversa. No caso de uma mulher de sua estirpe, educada para transitar entre os mais altos círculos do poder, o casamento era a culminação de anos de preparo e, sobretudo, de cuidadosas negociações políticas capazes de aliar os interesses de dois territórios. O imperador Francisco e seus principais conselheiros, entre eles o chanceler Metternich, não desperdiçariam o apelo Habsburgo que Leopoldina possuía como noiva.

Na conversa com a filha, Francisco montou todo um esquema para dissimular suas ordens em uma escolha. Ele deu a impressão de que oferecia a Leopoldina dois pretendentes: o príncipe Frederico Augusto da Saxônia, com as ressalvas de que existiam outras princesas disputando esse pretendente e a união não aconteceria antes de dois anos; e o príncipe português d. Pedro de Bragança, com quem ela poderia se casar em breve. Leopoldina foi capaz de enxergar o que estava por trás da fachada de autonomia sugerida pelo imperador e deu a ele a resposta desejada. Comprometeu-se com o herdeiro português, mesmo que isso significasse se mudar para o Brasil, aprender um novo idioma e se adaptar a outra Corte.

Não é difícil imaginar as emoções que chacoalharam o espírito de Leopoldina. Estava à beira da vida adulta quando vislumbrou, através da proposta de casamento, uma mudança profunda em sua vida. Qualquer jovem dessa idade encara o amadurecimento com uma mistura de apreensão e empolgação, temperada pelo desejo de aventura, pela coragem e pela certeza – uma ilusão das grandes – de que sabe tudo. A viagem para o Brasil e o casamento eram um grande rito de passagem para o qual Leopoldina acreditava estar pronta. Passara sua vida até então se preparando para este exato momento. Na mente da arquiduquesa, que logo assumiria o título de princesa, os papéis que iria desempenhar não seriam mais ou menos extraordinários do que os exercidos por tantas antepassadas suas – mulheres que entravam no cenário político pelos bastidores, sem necessariamente assumir voz pública ou desempenhar ações na linha de frente das articulações de governo. Mulheres, enfim, que trabalhavam em geral na esfera doméstica e privada, na qual qualquer influência que exercessem existia dentro dos limites da família imperial ou real. Com algumas exceções, claro, como a imperatriz Maria Teresa, bisavó de Leopoldina, governante astuta e articuladora fundamental da modernização do Império Austro-Húngaro.

Seja como for, Leopoldina não imaginava a dimensão que o casamento com d. Pedro e a mudança para o Brasil tomariam. Ela mesma escreveu que "não [esperava] desempenhar um grande papel" como o de Maria Luísa, troféu da aliança entre duas nações em guerra, "mas viver tranquila e feliz". Deixa, porém, escapar uma promessa: "Se for necessário", completa, "empenharei toda a minha força intelectual para fazer felizes as criaturas sobre as quais reinarei".[12] Ninguém é capaz de antecipar o futuro. Mas será que uma parte de Leopoldina não sonhava com aventuras ainda maiores do que desbravar, a cavalo, as matas nos entornos do Rio de Janeiro, encontrando espécies de plantas e animais jamais vistas por seus olhos europeus? Aventuras ainda maiores do que se casar com um homem que nunca havia visto e prometer-lhe filhos, fidelidade e amor? Por mais que acreditasse, naquele momento, em sua devoção imutável aos valores aprendidos como Habsburgo, ela talvez suspeitasse que tinha competência para mais do que simplesmente poupar "esforço e dedicação no que puder contribuir para a felicidade de [seu] futuro esposo".[13]

Sua coragem era "inabalável", conforme declarou em novembro de 1816, como sempre à irmã Maria Luísa.[14] Devia ser mesmo, para embarcar sem hesitar rumo a uma vida completamente distinta da sua, sem vínculos familiares e cercada por incertezas. Leopoldina nem suspeitava que sua voz pública seria um elemento central do projeto vencedor da Independência no Brasil. E suspeitava menos ainda que, alguns anos depois de dizer ao pai que "não [dava] um passo sem sua permissão",[15] estaria enfrentando o imperador para defender suas convicções políticas então renovadas.

O lugar de uma princesa

"Começo a crer que se é muito mais feliz quando solteiro, pois agora só tenho preocupação e dissabores, que engulo em segredo", confessou Leopoldina em maio de 1821 a Maria Luísa. "Infelizmente vejo que não sou amada, meu esposo e meu dever exigem que eu suporte até o último instante e meu coração busca um ser a quem comunicar seu amor e amizade".[16] Nesse trecho, que exala solidão e uma dolorosa melancolia, Leopoldina exibe um de seus traços mais fortes – a noção de responsabilidade. Para ela, o casamento jamais seria um mero resultado de algumas assinaturas em um pedaço de papel. Assumira um compromisso e o levaria a cabo. Podia perder sua paz de espírito, sua paciência e sua saúde, mas, no fim, faria valer as promessas associadas ao matrimônio.

Porém, as lentes cor-de-rosa que filtravam as infelicidades do casamento não tardaram em rachar. Leopoldina chegou ao Brasil de coração aberto, genuinamente disposta a agradar ao marido e à nova família, e ciente do que o seu papel como princesa acarretava: ela seria uma representante do império austro-húngaro na América e, portanto, deveria cumprir e preservar os princípios e interesses de uma monarquia europeia tradicional, absolutista e católica. Leopoldina nunca separou sua vida pessoal do cargo público e dos títulos que carregava. Uma vez que tinha plena consciência da impossibilidade de, por exemplo, apaixonar-se por quem quisesse e escolher o próprio noivo, canalizou em d. Pedro – escolhido pela Áustria, não por ela própria – todos os seus anseios e as suas expectativas relacionadas ao amor, à sexualidade e à formação de uma família. O seu futuro, a partir daquele momento, estaria intrinsecamente vinculado ao dele. Aonde ele fosse, ela iria também. Diante de tal situação, não é de se espantar que Leopoldina tenha feito o que pôde para ser otimista e enxergar possibilidades de até mesmo alegria em sua vida no Brasil e com d. Pedro. Já que passaria o resto de seus dias ao lado daquele homem, esforçar-se para amá-lo pouparia alguns contratempos a uma princesa conhecida por ser ansiosa e com tendências a oscilações bruscas de humor.

Embora as primeiras semanas do casamento tenham sido uma verdadeira lua de mel, marcada por cavalgadas pelo Alto da Boa Vista e pela Tijuca e por sessões de duetos musicais, as desilusões logo começaram. Leopoldina descobriu o lado mais violento do marido. Precisou aturar suas grosserias, lidar com seus modos rudes, contornar os egoísmos e a mania de ter todas as suas vontades realizadas, além de suportar suas infidelidades. Assim que a esposa deixou de ser novidade, d. Pedro foi, aos poucos, abandonando-a a uma rotina – como se estar com ela fosse apenas uma tarefa a ser cumprida em seu papel de príncipe. Não bastassem os desencontros no casamento, Leopoldina teve de encarar as diferenças entre a cosmopolita Viena e a vida cultural rudimentar do Rio de Janeiro, o calor sufocante dos trópicos – com o bônus de mosquitos e umidade – e a falta de amigos. Pedro punha limites no dinheiro de Leopoldina, nas pessoas com quem ela podia se relacionar e determinava os lugares que estava autorizada a visitar.

Leopoldina estava convicta de que a vida de solteira deveria ser bem melhor, mas omitia um detalhe: o casamento e a posição de princesa, em um contexto de crescente instabilidade política, abriam certas portas que, em outras circunstâncias, permaneceriam trancadas a uma mulher de sua origem social. Arquiduquesas e princesas europeias de sangue absolutista, no século XIX não costumavam se tornar rebeldes. Elas não se juntavam a movimentos separatistas anti-monárquicos e raramente rejeitavam as convenções. Dona Leopoldina – filha de Francisco I, bisneta de Maria Teresa da Áustria, sobrinha-neta da rainha guilhotinada Maria Antonieta, herdeira de uma das dinastias mais tradicionais da Europa – jamais poderia ser como Maria Quitéria, vestida com farda masculina para lutar no *front*; como Maria Felipa, entrando no mar munida de ramos de cansanção e facas escondidas sob as saias para surrar soldados portugueses; e muito menos como Bárbara de Alencar, que proclamou a República em frente a uma igreja no Crato. Seu lugar era outro, e permitia que Leopoldina enxergasse o estado do Brasil e das relações com Portugal sob o ângulo de sua compreensiva educação histórica e política. Além do mais, o contato próximo com atores envolvidos no processo da Independência, discutindo ideias e acompanhando de perto as articulações de ministros, diplomatas e conselheiros de Estado, ampliou os horizontes de seu pensamento político.

Uma Habsburgo que encomenda nada menos do que a constituição republicana dos Estados Unidos, para estudar e refletir sobre a "forma de governo dos Estados Livres da América do Norte",[17] tem, sem sombra de dúvidas, uma história muito boa para contar. É a história de uma série de transformações, de cunho intelectual e emocional, que fizeram da arquiduquesa, antes devota ao pai-imperador, uma mulher disposta a encarar as diferentes figuras masculinas em sua vida, contrapondo interesses, antecipando efeitos e consequências, e trabalhando pelos ideais de uma nova dinastia monárquica brasileira. Em suma, uma estrategista de mão cheia.

No final das contas, o casamento pode até ter se mostrado desastroso. Em compensação – dado que "compensação" talvez não seja a palavra mais adequada para tratar dos diversos sacrifícios pessoais da imperatriz – fez com que Leopoldina entrasse no palco da política brasileira e atuasse diretamente no cenário do país. É uma atuação que ainda levanta questionamentos e uma boa quantidade de interpretações conflitantes, mas que pode ajudar o Brasil a entender melhor como se deu esse processo tão fundamental de sua história e reconhecer, enfim, as várias formas de participação política e pública engendradas por mulheres no período da independência.

Leopoldina fica e nasce um império

Após a partida de d. João VI para Lisboa, o Brasil explodiu com ainda mais vigor do que antes. Em junho de 1821, Leopoldina relata a Francisco I que "aqui está uma verdadeira miséria, todos os dias novas cenas de revolta".[18] Ela identificava a instabilidade do Brasil e temia que este logo fosse tomado por uma onda revolucionária e republicana, capaz de expulsar toda a família real. Expulsar, aliás, seria o de menos – e se decidissem por um levante sangrento, executando os representantes do poder monárquico nos trópicos? "Só posso ver um futuro negro; Deus sabe ainda o que acontecerá conosco", completa Leopoldina.[19] As exigências das Cortes constitucionais de Lisboa eram, para a princesa, excessivamente liberais e ameaçavam a solidez do regime monárquico luso. Os deputados no parlamento empreendiam uma difícil tarefa: reorganizar todo o império português, com o intuito de estabelecer uma estrutura de unidade política que desse conta de territórios tão distantes e distintos quanto as possessões indianas e o Brasil. As consequências dessas tentativas de reforma incluíram decretos que minavam a autoridade de d. Pedro como príncipe regente e encerravam as atividades de tribunais e repartições públicas brasileiras. Centenas de famílias perderiam empregos, postos e fontes de renda, sem contar os prejuízos acarretados pela retomada do privilégio aos interesses comerciais de Portugal. Leopoldina passou a distinguir, com ainda mais clareza, brasileiros de portugueses: estes seriam responsáveis pelos "tumultos revolucionários", em oposição ao povo do Brasil, que teriam "cabeças boas e tranquilas" e contavam com "excelentes e fiéis súditos".[20] Havia uma disputa de poder em curso por um território extremamente rico e promissor – o Brasil – que a princesa não apenas enxergou, como contabilizou em suas estratégias. E compreendeu que, caso d. Pedro não tomasse uma atitude o quanto antes, ele – e os filhos do casal – poderiam perder uma herança muito maior que o trono português.

Crescia a oposição dos brasileiros aos mandos e desmandos das Cortes. Já d. Pedro, segundo a própria esposa, "ama[va] os novos princípios e não [dava] exemplo de firmeza".[21] Decidira aguardar até a eleição da junta governativa do Rio de Janeiro e, em seguida, embarcaria para Portugal com a família. O raciocínio político do príncipe regente divergia do de Leopoldina. Em sua posição de herdeiro de um trono duplo, d. Pedro precisava jogar com os interesses de dois lados opostos e preservar a unidade territorial brasileira a um só tempo que negociava com as cortes portuguesas.

É justamente nesse período que Leopoldina manifesta uma impressionante alteração em seu pensamento político. Conquanto prometesse ao imperador Francisco que se manteria fiel aos bons valores austríacos – a monarquia absolutista acima de tudo – sua avaliação dos eventos lhe apontava a necessidade de alguns ajustes. Se d. Pedro antecipava, até dezembro de 1821, seu embarque sem volta para Portugal, dona Leopoldina pressentia que os caminhos para o casal seriam outros. Sua correspondência do período traz evidências disso. Em junho daquele ano, por exemplo, escreveu ao marquês de Marialva que era "preciso ser corajosa e constante, um dever sagrado me impõe"–[22] uma sugestão pouco sutil de que sua obrigação como princesa lhe empurraria rumo a outro sacrifício. Menos de um mês depois, ela redigiu, de seus aposentos no palácio de São Cristóvão, uma carta a Maria Luísa que pode ser interpretada como o seu "Fico" (ou os primeiros indícios inequívocos de sua escolha): "Infelizmente, acabou-se a esperança de viajar rapidamente para a Europa, o que, sendo bem honesta, é uma sorte, na situação crítica atual dos países europeus; o Brasil é, sob todos os aspectos, um país tão maduro e importante, que é incondicionalmente necessário mantê-lo".[23] Manter o Brasil significava fincar as fundações de uma monarquia inédita no continente americano, para assegurar que, em primeiro lugar, a dinastia se perpetuasse; e, em seguida que o território substancial do país permanecesse intacto, em vez de se desmantelar em inúmeras pequenas repúblicas que se afastariam dos canais europeus de influência.

O raciocínio de Leopoldina seguia os preceitos de restauração, conservação e perpetuação defendidos pelas casas monárquicas europeias após o furacão chamado Napoleão. Não foi como mera arquiduquesa de enfeite que Leopoldina testemunhou o Congresso de Viena, uma reunião das principais cabeças coroadas, políticos e estadistas da Europa depois da derrota napoleônica em 1815. Ela tinha inteligência o bastante para não deixar passar despercebido o que estava em jogo – a garantia de que os velhos jogadores poderiam continuar dando suas cartas, mesmo em um continente abalado por transformações paradigmáticas. Embora sua participação fosse restrita a jantares e bailes, seus ouvidos certamente estavam atentos às conversas que circulavam pelo palácio de Hofburg, fosse nas mesas suntuosas ou durante as valsas dançadas com príncipes alemães.

A manutenção do Brasil dentro do sistema monárquico era, portanto, um dever para Leopoldina. O que surpreenderia o imperador Francisco e iria na contramão do passado austríaco da arquiduquesa foi, além dela ter depositado suas forças na criação de uma monarquia brasileira independente de Portugal, o seu suporte explícito à elaboração de uma constituição. Defender uma monarquia constitucional soa, a princípio, como uma completa contradição ao que Leopoldina jurava de pés juntos acreditar. Ou era o que jurava a seu pai, ferrenho absolutista. Ao que parece, ela estava mais preocupada com o seu "dever sagrado", conforme dissera a Marialva, do que em obedecer às rígidas diretrizes austríacas, distantes da realidade brasileira. Francisco I não estava no Rio de Janeiro, temendo pela segurança de seus filhos pequenos e observando cada movimentação das tropas portuguesas; tampouco aguardava, com apreensão, os desdobramentos dos decretos das Cortes e das decisões do príncipe regente. Francisco I, enfim, não precisou contrapor a educação recebida na juventude com os fatos inadiáveis do presente, em um país bastante distinto ao de sua infância. No entendimento de Leopoldina, cumprir o papel de "boa austríaca" dependia de uma escolha complicada – a qual soube soube fazer. Uma constituição daria a Pedro e Leopoldina a oportunidade de salvaguardar a autoridade monárquica e garantir a fundação de uma Coroa brasileira sem a interferência dos revolucionários portugueses. Para o pai, escreveu apenas que, "se [seus] deveres não [a] impedissem, já estaria há muito tempo sob sua proteção paterna, na amada pátria alemã".[24]

No caso de Leopoldina, os deveres vêm invariavelmente em primeiro lugar. D. Pedro custou a corresponder, do jeito que Leopoldina desejava, aos interesses dos brasileiros. Para os planos dela funcionarem, o príncipe regente precisava permanecer no Rio de Janeiro e se alinhar totalmente à ideia do Brasil como elemento mais valioso das possessões portuguesas – mais valioso, inclusive, que Portugal, e por isso seria essencial impedir que ficasse à mercê de revoluções, levantes e ímpetos separatistas e republicanos. Em 8 de janeiro de 1822, a um dia da declaração do Fico de d. Pedro, Leopoldina compartilhou com o secretário Schäffer seu incômodo: o marido ainda não aparentava muita segurança em sua decisão, e ela teria encontrado algumas dificuldades para persuadi-lo. "Só desejaria insuflar uma decisão mais firme", comenta.[25] Essa carta traz outro ponto importante. É nela que Leopoldina confirma não ter encomendado a Constituição norte-americana apenas para servir de adorno à estante.

De olho nos acontecimentos políticos nos Estados Unidos e no próprio Brasil, como a Revolução Pernambucana de 1817, ela almejava refrear ondas republicanas com uma proposta de governo constitucional, mas ainda assim monárquica. Ao explicar a Schäffer que o governo brasileiro, uma vez ocupado por "filhos do país que sejam capazes", seria organizado de maneira análoga ao dos Estados Unidos,[26] Leopoldina mostrou que estudava a situação a partir dos mais diversos ângulos e achava ter encontrado o encaixe mais adequado para o quebra-cabeça da política brasileira: um poder legislativo formado por cidadãos nascidos no país e submetido à autoridade real.

O Fico foi festejado com uma peça de teatro na noite de 11 de janeiro. Leopoldina, grávida de oito meses, puxou vivas em honra do príncipe regente e para dispersar os temores de uma retaliação militar pelas tropas portuguesas. Na madrugada seguinte, partiu com a filha primogênita, Maria da Glória, e o pequeno príncipe João Carlos – doente e com apenas um ano de idade – em uma viagem de doze horas da quinta de São Cristóvão em direção à fazenda de Santa Cruz, sob o Sol inclemente de verão. A dura jornada fora empreendida para proteger a família do príncipe, pois d. Pedro receava que os portugueses forçassem Leopoldina e seus filhos a embarcar para Lisboa. Enquanto o marido reunia as tropas leais e estruturava um novo gabinete de governo, ela lidava com o preço pessoal da fuga: sem damas de companhia e camaristas, passou dias na cabeceira do filho, cuja saúde deteriorara após a viagem. Após quinze dias e um ataque epiléptico que durou 28 horas, João Carlos faleceu – uma perda da qual Leopoldina não se recuperaria tão cedo – e se tornou um dos maiores sacrifícios pessoais sofridos pelo casal imperial no decurso da Independência.

A princesa logo informou aos Habsburgo que a permanência na América seria definitiva. Teve que descartar as esperanças de rever Maria Luísa, provavelmente a parte mais difícil de tolerar nessa separação da família. Ao marquês de Marialva, em tons mais oficiais, anunciou ser "uma verdadeira sorte que tenha sido decidida nossa permanência no Brasil, segundo minha maneira de ver, e, pensando em política, esse é o único meio de evitar a queda total da monarquia portuguesa".[27] Em contrapartida, na esteira do Fico, a temperatura política brasileira não tinha abaixado muito. Várias províncias, sobretudo as do Norte, não reconheceram o governo central do Rio de Janeiro e reivindicavam maior autonomia em questões econômicas e administrativas. D. Pedro passou os meses seguintes arregimentando apoio e apaziguando as poucas províncias que não foram de imediato contrárias ao seu poder, como Minas Gerais, São Paulo e Rio Grande do Sul. Essas viagens realizadas pelo príncipe regente tinham como principal objetivo contornar ameaças à parca estabilidade política e convencer autoridades locais a defender a unidade territorial do reino.

Leopoldina queria ter acompanhado o marido em sua expedição a Minas Gerais, em abril de 1822. Seus interesses eram mais acadêmicos do que políticos: desejava aproveitar a oportunidade para estudar as riquezas mineralógicas da província. Entendia, porém, que não podia rodar de cima a baixo um Brasil que cheirava a pólvora e que se encontrava a poucas decisões erradas de explodir em revolta e desobediência ao poder central. D. Pedro era infiel aos juramentos matrimoniais, mas não à capacidade política da esposa. Ele sabia que, se uma das muitas crises estourasse durante suas viagens, Leopoldina conseguiria segurar as pontas. A princesa ocupava, depois do marido, o posto mais alto na hierarquia monárquica em território brasileiro.

Segundo decreto de 22 de abril de 1821, firmado por d. João VI, a sucessão do príncipe regente no Brasil recaía sobre Leopoldina, que poderia exercer os mesmos poderes de governo, nomeação de ministros e defesa do território que d. Pedro tinha em mãos. Permanecer no Rio de Janeiro era, mais do que uma medida de segurança, uma providência administrativa. Com exceção da primeira viagem a Minas Gerais – ocasião em que José Bonifácio de Andrada e Silva foi nomeado representante pelo príncipe em sua ausência –, Leopoldina seria a substituta oficial de d. Pedro nos negócios de Estado, trabalhando em parceria com os ministros e conselheiros. No intervalo conturbado entre o Fico e a Independência, ela se entusiasmou com as articulações políticas, preocupada como estava com o futuro da monarquia no Brasil, e seguiu com atenção o que era publicado na imprensa.

Em 13 de agosto de 1822, d. Pedro assinou o decreto que nomeava Leopoldina como regente do Brasil ao longo de sua viagem à província de São Paulo, onde confrontaria os opositores ao seu governo. O documento encarrega Leopoldina do "despacho do expediente ordinário das diversas secretarias do estado e repartições públicas" e da presidência do Conselho de Estado; ela também estava autorizada a "tomar todas as medidas necessárias e urgentes ao bem e salvação do estado".[28] Era um voto de confiança que seguia a ordem sucessória. D. Pedro podia simplesmente ter nomeado Leopoldina no papel, sem lhe conferir qualquer poder real. Porém, naquelas circunstâncias, a princesa foi dotada de poder suficiente para tomar decisões fundamentais aos rumos do país – com o aconselhamento dos ministros e secretários e a posterior aprovação do príncipe –, algo extraordinariamente raro para uma mulher. Leopoldina não decretou a Independência do Brasil, e nem podia fazê-lo sozinha. Mas estava no olho do furacão, a par das movimentações de tropas e esquadras portuguesas, enviando despachos urgentes ao marido em São Paulo, presidindo as reuniões do conselho e, enfim, insuflando d. Pedro a executar a separação entre Brasil e Portugal e a assumir seu posto como monarca.

"O momento mais importante": a princesa se assume imperatriz

A visita das baianas chegou até aos ouvidos do imperador Francisco I. Para ele, que ainda não sabia de todos os desdobramentos, tratava-se de uma boa notícia sobre sua filha. Era mesmo: a comitiva das senhoras baianas ao Rio de Janeiro demonstrava que a atuação de Leopoldina não era ignorada. Elas aportaram na capital com a carta em mãos, paramentada por 186 assinaturas das apoiadoras, e tinham uma audiência marcada com a princesa para o dia 23 de agosto de 1822.

A Bahia era uma província indispensável a quem desejava controlar o Brasil. Não foi por acaso que as batalhas pela Independência irromperam lá. O território era estratégico para partir o país ao meio e, caso ficasse sob controle português, daria à metrópole a chance de pressionar militarmente o Rio de Janeiro e d. Pedro. As baianas vinham, então, de um campo de guerra para felicitar e agradecer Leopoldina pela anuência "ao que deliberou seu Augusto, mais adorado Esposo".[29] Elas viam na princesa uma aliada – alguém capaz de guiar na direção certa o marido, a saber, o homem dotado de poder e responsável pelas decisões que impactam um país inteiro. A audiência e a entrega da carta foram uma demonstração de respeito que deve ter sensibilizado Leopoldina. Seus dias eram passados entre aflições quanto ao estado do Brasil, cartas escritas a d. Pedro para noticiar os últimos acontecimentos, e bilhetes a José Bonifácio traçando planos pela causa. Ao notarem a participação de Leopoldina no centro do espaço público e administrativo, as baianas abriram um diálogo entre mulheres, homenageando, ao seu modo, aquela que cooperava pela Independência e pelo fim da opressão portuguesa.

De Portugal, só chegavam más notícias. Em 28 de agosto, o navio português *Três Corações* aportou no Rio de Janeiro com as últimas das Cortes de Lisboa: o príncipe regente deveria retornar assim que a constituição fosse promulgada e, até então, seus poderes estariam restritos às determinações do congresso português; e as juntas administrativas nomeadas pelos deputados lusos deveriam ser instaladas imediatamente. Abundavam rumores de batalhões portugueses prontos para embarcar, cruzar o Atlântico e forçar a obediência brasileira. Leopoldina era a portadora das mensagens desagradáveis. Em suas cartas ao marido, além de incluir os relatos do que ameaçava o reino, rogava que retornasse o quanto antes – "só a sua presença, muita energia e rigor pode salvá-lo da ruína", escreveu, referindo-se ao "amado Brasil".[30] Apenas d. Pedro, representação maior do poder monárquico no território, poderia garantir que o Brasil se manteria a salvo da ruína republicana ou das imposições portuguesas.

A reunião decisiva do Conselho de Estado aconteceu no paço da Boa Vista às 11 horas da manhã de 2 de setembro de 1822, sob a presidência de d. Leopoldina. As deliberações dos ministros presentes apontavam em uma única direção – a separação do Brasil. Segundo José Bonifácio, em nada adiantava contemporizar com inimigos. Era hora de escrever a d. Pedro e defender a independência. Leopoldina concordava. Ela havia feito os cálculos necessários e antecipava a ratificação do príncipe, a última etapa necessária para concretizar a autonomia do Brasil. O Conselho preparou a correspondência que seria enviada a Pedro, nas mãos do mensageiro Paulo Bregaro, incluindo cartas de José Bonifácio – cujo trecho "eu, como ministro, aconselho a Vossa Alteza que fique e faça do Brasil um reino feliz, separado de Portugal, que hoje é escravo das Cortes despóticas"[31] se destaca – e de Leopoldina, apelando para a vaidade do príncipe e reafirmando as decisões tomadas na reunião. "O Brasil será em vossas mãos um grande país", declarou, "o Brasil vos quer para seu monarca. Com o vosso apoio ou sem o vosso apoio ele fará a sua separação. O pomo está maduro, colhei-o já, senão apodrece".[32] Para Leopoldina, aquele era "o momento mais importante" da vida de d. Pedro – e também da sua. Se esperassem demais, perderiam a chance de fundar o Império Brasileiro.

D. Pedro entendeu o recado. Aliás, as mensagens enviadas não lhe deixavam muitas alternativas. No Ipiranga, ao arrancar do chapéu o laço azul e branco que simbolizava a lealdade às Cortes portuguesas, ele rompia de vez os vínculos de dependência com Portugal. Os tais laços azuis, após a declaração da Independência em 7 de setembro de 1822, seriam substituídos por fitas verdes. E, dali em diante, Leopoldina abandonou o título de princesa para assumir o de imperatriz.

A Independência não representou o fim dos trabalhos de Leopoldina. Pelo contrário. A partir de então, precisava representar com vigor o país recém-constituído perante as outras nações, angariando aliados com quem estabelecer relações comerciais e diplomáticas. Foi com esse dever em mente que escreveu, em abril de 1823, ao imperador Francisco I para apresentar o seu ponto de vista acerca das mudanças na realidade brasileira. É impossível dizer se o "caríssimo papai" levou um susto com as escolhas feitas pela filha, ou se entendeu as estratégias dela e reconheceu o espírito Habsburgo de todos esses movimentos – ou seja, salvar o trono em um país com mais futuro do que passado em vez de curvar-se a Portugal. A carta de Leopoldina ao pai é reveladora. No texto, a nova imperatriz expõe a conjuntura do Brasil e enumera os argumentos que poderiam convencê-lo da necessidade de conjugar as tradições da monarquia com ideias mais modernas, como uma constituição. E arremata com o pedido crucial: que Francisco reconhecesse a existência do Brasil como estado soberano e formalizasse uma aliança com o Império Austro-Húngaro. Uma recusa, entretanto, não a desencorajaria. "Sempre permanecerei brasileira de coração, pois é o que determinam minhas obrigações como esposa, mãe e a gratidão a um povo honrado",[33] assegura Leopoldina, colocando o Brasil e suas obrigações à frente de seu passado, sua família e a Áustria. Esse embate com a poderosa figura paterna de Francisco I mostra uma Leopoldina amadurecida, disposta a assumir sua condição de imperatriz brasileira apesar do apego às referências familiares e dos desafetos e desencantos enfrentados em sua vida no Rio de Janeiro. E imperatriz brasileira ela seria: em março de 1824, jurou, finalmente, à constituição – a primeira do Brasil.

A aventura de traçar a própria história

D. Leopoldina não era mulher de recusar uma aventura. No fim de novembro ou início de dezembro de 1824, inventou de fazer uma expedição – sozinha – pela mata na Serra dos Órgãos. Ficou perdida. Arranhou-se toda "nos espinhos das mimosas, nas folhas cortantes dos juncos e nas raízes de árvores e plantas", contou a Maria Luísa, e quase caiu "mais de trinta vezes, ora para a frente, ora para trás". Ouvia, não muito longe, os rugidos de onças e os grunhidos de macacos. Após horas tentando encontrar o caminho, topou com o que chamou de "nativo", que a levou se arrastando morro acima, de onde pôde observar o entorno e traçar seu retorno. À irmã, jurou nunca mais se enfiar num passeio parecido. Reclamou que os braços e pernas ficaram doendo por dias, e suou tanto "que deixava poças" atrás de si.[34]

Mais do que uma terra exótica, Leopoldina enxergava o Brasil como um país. Sua dedicação, desde o anúncio do noivado, a aprender sobre o idioma, os costumes e a história desta terra indica seu interesse em conhecê-la a fundo. A primeira princesa europeia a se casar na América extrapolou as perspectivas comuns ao Velho Mundo – que tratava o continente como um lugar de mistérios, selvageria e fantasia – e abordou seu novo lar com o rigor de uma cientista oitocentista. Assim que chegou, devidamente munida de seus equipamentos de pesquisa botânica e mineralógica, ocupou-se de corpo, alma e mente com tarefas e procedimentos de observação, análise, catalogação e coleta de exemplares vegetais, animais e minerais que despertassem sua curiosidade. Leopoldina queria descobrir o máximo que pudesse sobre o Brasil – e ele não a decepcionou nem um pouco nesse aspecto, graças à riqueza da biodiversidade, em especial na região da Mata Atlântica. Estar em espaços abertos, próxima à natureza, dava a Leopoldina um momento para refletir, relembrar e sentir. Era um momento para estar consigo mesma.

A faceta naturalista de Leopoldina perdurou ao longo de sua vida, sobretudo nos períodos de maior instabilidade emocional. É possível supor que os métodos e a familiaridade dos processos de reunir e catalogar espécimes possam tê-la aliviado da saudade que sentia da família austríaca e das angústias que a atormentavam no casamento e na política. O que encontrava em suas expedições se tornava um tópico de conversa na correspondência com os Habsburgo. Ela fazia questão de enviar para Maria Luísa e Francisco I insetos, pássaros, mamíferos, flores, sementes e minerais que pudessem ser incluídos nos acervos dos museus e gabinetes científicos imperiais. A princípio motivados pela curiosidade intelectual, seus passeios logo assumiram um lado pessoal e íntimo: eram uma chance rara de explorar ao máximo a autonomia de estar só com seus pensamentos. Essa relativa autonomia, infelizmente, não durou muito. Em 1826, alguns meses antes de sua morte, Leopoldina perdeu o acesso a seus cavalos e foi proibida pelo marido de sair do palácio sem sua autorização. D. Pedro precisava saber quando e para onde ia; caso fosse sem ele, as permissões ficavam ainda mais raras. Negadas as suas alegrias íntimas, o silêncio se instalou na rotina da imperatriz. Quando entrava em seus aposentos na Boa Vista, ordenava aos criados que fechassem as janelas e cortinas. "Faça-se a noite", suspirava.[35] Não havia completado trinta anos.

A imperatriz que trabalhou política e intelectualmente pela formação de um Império Brasileiro é perseguida por estereótipos. Sua imagem oscila entre dois extremos: ou é vista como uma mulher que passou por cima de infidelidades e permaneceu a boa esposa até o fim, ou se transforma em uma infeliz, traída e esquecida, mera vítima das grosserias de um imperador. Leopoldina não foi nem uma, nem outra. Ao fim da vida, ameaçou voltar para a Áustria e dar um basta aos desrespeitos de d. Pedro. Sua postura contida perante as desmoralizações públicas como mulher e imperatriz, devido às indiscrições cometidas pelo imperador com sua amante oficial, a Marquesa de Santos, era diplomática. E sua contribuição ao Brasil ultrapassa a influência exercida durante a proclamação da Independência. Leopoldina não foi só filha do Absolutismo, mas também das correntes iluministas: ela firmou um compromisso com o conhecimento e usou sua sensibilidade intelectual para incentivar a cultura e a ciência. Além de embaixadora da imigração de alemães e austríacos, Leopoldina apoiou a organização do acervo fundador do Museu Real, que futuramente seria o nosso Museu Nacional, e incentivou os projetos de pesquisa científicos e artísticos europeus ao trazer e apoiar, na época de seu casamento, a Missão Científica Bávaro-Austríaca. Há muito mais na história dessa mulher apaixonada por música, botânica, zoologia, teatro e mineralogia do que se conhece à primeira vista.

Essa história se cruza com a do Brasil. O projeto vencedor no dia de 7 de setembro de 1822, reconhecidamente problemático e falho, pareceu ser a melhor versão na perspectiva de uma Habsburgo, filha e neta de imperadores, criada sob os auspícios da coroa austríaca. A noção do dever a impulsionou rumo à fundação de um novo império, em um continente assolado (ou assim pensava) pela ameaça republicana.

Sua primeira grande aventura – atravessar o Atlântico para viver seu futuro – vai além dos contornos iniciais de um sacrifício pessoal. Leopoldina podia não ter muitas alternativas à sua disposição. Mas, quando essas apareciam, pensava antes de agir. E agia em prol de seus ideais. Ela não permitiu que determinassem sua história sem tentar retomar as rédeas para escolher o seu caminho. Dentro das circunstâncias em que existiu, Leopoldina demonstrou notável agência. Após o casamento, recusou-se a ser manuseada pelos caprichos das autoridades reais – e, claro, masculinas –; encontrou as melhores maneiras de operar sua influência nos espaços de tomada de decisão mais importantes do Brasil; fez face aos decretos de pai, sogro e marido, com a tenacidade de quem conhece seu valor; soube agir politicamente. O lugar de Leopoldina na memória e na imaginação brasileiras está um tanto apagado. Contar sua história, a partir de diferentes perspectivas e abordagens, significa olhar para o país por outras lentes, com novos olhares. E reconhecer as muitas nuances do lado feminino da formação do Brasil.

NOTAS

1. C. Oberacker, *A imperatriz Leopoldina: sua vida e sua época*, 1973, p. 199.

2. M. Leopoldina, Carta a Georg Anton von Schäffer, In: L. Norton, *A corte de Portugal no Brasil: notas, alguns documentos diplomáticos e cartas da Imperatriz Leopoldina*, 2008, p. 355.

3. C. Oberacker, op. cit. p. 201.

4. L. Norton, ibid.

5. Carta de Leopoldina a Maria Luísa, 4 de outubro de 1816. In: B. Kann et al. *Cartas de uma imperatriz*, 2006, p. 249.

6. Ibid. 7 de novembro de 1816. In: Id. Ibid. p. 255.

7. Carta de Leopoldina a Maria Amélia, 10 de dezembro de 1816. In: B. Ibid, p. 265.

8. Carta de Leopoldina a Francisco I, 1º ou 11 de março de 1821. In: Ibid., p. 375.

9. C. D. Rezzutti, *C. D. Leopoldina: a história não contada: a mulher que arquitetou a Independência do Brasil*, 2017, p. 41.

10. Carta de Leopoldina a Maria Luísa, 2 de agosto de 1816. In: B. Kann, op. cit. p. 239.

11. Ibid.

12. Ibid., 29 de dezembro de 1816. In: B. Kann, op. cit., p. 270.

13. Ibid.

14. Ibid., 28 de novembro de 1816 In: Ibid., p. 263.

15. Carta de Leopoldina a Francisco I, 20 de junho de 1817. In: Ibid., p. 301.

16. Carta de Leopoldina a Maria Luísa, 24 de maio de 1821. In: Ibid., p. 379.

17. C. Oberacker, op. cit., p. 269.

18. Carta de Leopoldina a Francisco I, 9 de junho de 1821. In: Ibid., p. 381.

19. Ibid.

20. Carta de Leopoldina a Francisco I, 9 de junho de 1821; Carta de Leopoldina ao Marquês de Marialva, 9 de junho de 1821. In: Ibid., pp. 381-82.

21. Carta de Leopoldina a Francisco I, Ibid.

22. Carta de Leopoldina ao Marquês de Marialva, 9 de junho de 1821. In: Ibid., p. 382.

23. Carta de Leopoldina a Maria Luísa, 2 de julho de 1821. In: Ibid., p. 383.

24. Carta de Leopoldina a Francisco I, 8 de julho de 1821. In: Ibid., p. 384.

25. Carta de Leopoldina a Georg Anton von Schäffer, 8 de janeiro de 1822. In: Ibid., p. 389.

26. Ibid.

27. Carta de Leopoldina ao Marquês de Marialva, 10 de maio de 1822. In: Ibid., p. 399.

28. C. Oberacker, op. cit., p. 268.

29. Carta das senhoras baianas à imperatriz Leopoldina. Arquivo Nacional.

30. Carta de Leopoldina a d. Pedro I, 29 de agosto de 1822. In: B. Kann, op. cit., p. 411.

31. C. Oberacker, op. cit., p. 280.

32. Carta de Leopoldina a d. Pedro I, 2 de setembro de 1822. In: C. Oberacker, op. cit., p. 281.

33. Carta de Leopoldina a Francisco I, 6 de abril de 1823. In: B. Kann, op. cit., p. 417-418.

34. Carta de Leopoldina a Maria Luísa, 12 de dezembro de 1824. In: Ibid., p. 435.

35. I. Lustosa, *D. Pedro I: um herói sem nenhum caráter*, 2006, p. 238.

ANA MARIA JOSÉ LINS
São Miguel dos Campos, Alagoas

ANA LINS, DAMA DO AÇÚCAR E COMBATENTE REPUBLICANA

Socorro Acioli

Rosa era uma jovem escravizada de aproximadamente dezessete anos, capturada com soldados insurgentes em São Miguel dos Campos, território de Alagoas. A informação que mais interessava à justiça reinol no ato de sua captura – e pela qual ela seria interrogada durante sessões de torturas até a sua morte – era a revelação do nome de seu senhor. Ela nunca revelou.

O motivo de sua prisão foi a luta pela Revolução de 1817, que eclodiu em março daquele ano em Pernambuco e espalhou-se pelo Nordeste. O objetivo claro e amplamente divulgado era a constituição de um Estado republicano independente da monarquia portuguesa. Os revolucionários instauraram um governo provisório e toda a capitania foi tomada pela ideia de uma nova ordem. No sul de Pernambuco, região que no futuro seria Alagoas, panfletos subversivos foram espalhados, convocando a todos para que se juntassem aos rebeldes. Os senhores de engenho incentivavam escravizadas e escravizados a participar para que o movimento ganhasse força nos embates, alguns prometendo a liberdade em troca da participação.[1]

Em Penedo e São Miguel dos Campos, a notícia chegou rápido e já havia um forte movimento formado por muitas frentes. Era lá que vivia a mulher chamada Rosa do Gentio da Costa, escravizada, que claramente participava do levante por ordem e incentivo de seu senhor, cujo nome ela omitia. Foi publicado um anúncio no edital de arrematação na tentativa de descobrir essa informação, sem sucesso. O texto dizia que a escravizada era forte, de dentes perfeitos, davam detalhes de sua avaliação em busca do seu proprietário, em vão.

Das poucas coisas que Rosa disse e que sobreviveu ao tempo, declarou que fazia parte da Nação Uça. Em África, o reconhecimento como parte de uma nação é centro do que constitui a origem e sentido de uma pessoa. Diz respeito à língua, crença, família, aos costumes, passado, futuro. Era isso que ela segurava na força da palavra, ao se ver perdendo tudo mais uma vez. Em África, teria outro nome, outra vida, outra história, se seus pais ou avós não tivessem sido arrancados e trazidos para o Brasil, se não fizesse parte dos 4,8 milhões de africanos escravizados e violentados. Rosa seguia sobrevivendo e driblando a morte.

Uma vez estando na nova terra, ela achou justo lutar pela libertação da coroa portuguesa, junto das pessoas em quem confiava minimamente. Ou também por confiar em uma esperança na liberdade. Ou talvez, ainda pelo desejo genuíno de lutar, de não sucumbir. Rosa foi arrastada, torturada e não temos informações sobre o fim de sua vida. É provável que ela tenha morrido nos calabouços da Bahia, com outros revolucionários, ou chicoteada em praça pública, amarrada a um pelourinho, por mando de Batalha, o ouvidor cruel, em nome da justiça reinol, por fidelidade ao conde dos Arcos.[2]

Sendo Rosa uma escravizada em São Miguel dos Campos, juntando os fatos, há uma grande possibilidade de não ter tido um senhor e sim, uma senhora. Outra mulher corajosa chamada Ana Lins, que também lutou pela independência do país.

Filha de Ignês ou de Filipa?

Ana Maria José Lins tem um registro escasso na história oficial brasileira. Sabe-se, por poucos documentos, que participou ativamente da Revolução Pernambucana de 1817 e da Confederação do Equador, em 1824. Quando surge, seu nome está sempre atrelado, sombreado e ofuscado pelos nomes dos homens que vem antes dela, dos seus maridos e dos seus filhos. Apesar de seus atos de coragem e benevolência e de sua capacidade para refazer o que foi destruído, foi negado a Ana Lins seu próprio mérito por tais atos. E sua história nunca foi registrada com justiça.

Ana Lins nasceu em 1764 em Porto Calvo, a mesma cidade onde também nascera Domingos Fernandes Calabar, em 1635, o controverso traidor do Brasil, cantado por Chico Buarque. Não há quase nada sobre a infância e a juventude de Lins. Seu pai era senhor do engenho do Meio e sargento da Cavalaria de Porto Calvo, os quais ela herdou – e essa é a informação mais repetida nas poucas notas biográficas a seu respeito.

No texto "A estirpe de Ana Lins",[3] há uma demorada discussão sobre a origem do seu sobrenome e sua origem paterna. O autor Guiomar Alcides de Castro afirma que ela descendia de holandeses, os quais teriam migrado para Porto Calvo. Já o professor Aurino Maciel sustenta que, na verdade, ela trazia sangue italiano, pois seria descendente de Cristovão Lins, o fidalgo florentino que fundou Porto Calvo.[4] Por sua vez, este era parte da linhagem dos Duques de Florença "e sua mulher era filha de Arnão de Hollanda, neta em linha paterna do Barão de Henobourg de Utretch, que foi casado com Margarida de Florença, irmã do Papa Adriano VI".[5]

A confusão continua. Segundo o professor Alfredo Carlos Schmalz, que pesquisa a presença alemã em Alagoas, os Lins que migraram para o Brasil são de Ulm e Augsburg, descendentes de Sebald Lins ou Cibaldo Lins, que veio da Baviera, na Alemanha.

Seguindo o rastro do sobrenome, é dito que Cristovão Lins foi senhor de inúmeros engenhos, viveu até os 110 anos de idade, conquistou terras e construiu sete engenhos até o Cabo de Santo Agostinho. A conquista deu-se por guerra e massacre dos potiguaras, até então os senhores legítimos de Pindorama.

Parte da controvérsia está no nome de Cristovão Lins, se era alemão ou florentino, e, em consequência, de que linha europeia Ana Lins descendia. Adiante, um dos parágrafos do estudo do professor Alfredo Carlos Schmalz merece a nossa atenção. Este afirma que, por último, chegou aqui o alemão Rodrigo Lins, que teve uma filha de sua "escrava índia" Filipa Rodrigues e a menina chamava-se Ana Lins.[6]

Na breve biografia de Ana Lins escrita por Ernande Bezerra, há uma informação diferente nos nomes, mas semelhante na ideia. Diz ele que Ana Lins "nasceu no modesto município alagoano de Porto Calvo em 1764. Filha de João Lins de Vasconcelos e de dona Ignês de Barros Pimentel. O pai era dono do Engenho do Meio e sargento da Cavalaria de Porto Calvo. A mãe era de origem indígena. Ana Lins era tida como descendente de Cristóvão Lins".[7]

Estaremos falando de Filipa ou de Ignês? Essa mãe apagada da história de Ana Lins teria tido, um dia, outro nome potiguara? É sintomático que as mulheres sejam camufladas na árvore genealógica, que somente os homens europeus pareçam importantes quando se fala dessa mulher que a história também apagou.

Seja seus ancestrais alemães, italianos ou holandeses, sabemos que Ana Lins teve uma mãe brasileira, possivelmente da etnia potiguara. E para que os holandeses dominassem a faixa de terra até Cabo de Santo Agostinho, instalassem os engenhos que no futuro Ana Lins iria comandar, houve sangue potiguara derramado. Ouroboros: a cobra engole o próprio rabo na história do Brasil. E Ana Lins transita neste ciclo de ascendência mestiça, como transitamos todos nós, brasileiros, até hoje tentando nos entender como nação.

Se do lado paterno de Ana Lins podemos saber detalhes sobre o descendente europeu, se há hipóteses e teorias acerca deste passado, nunca saberemos nada sobre sua mãe ou sobre os Calangos Verdes, como eram chamados os povos originários do território de Alagoas.

Desejo de emancipação

A partir do casamento de Ana Lins temos informações mais detalhadas sobre sua família. Primeiro ela casou-se com Lourenço de Bezerra da Rocha e com ele teve as filhas Mariana e Antônia Arnalda. Lourenço faleceu em 1786 e Ana Lins tornou-se proprietária do engenho Sinimbu, o qual o marido comprara em um estado precário e que ela reconstruiu com mão de ferro.

Quatro anos mais tarde, em 1790, Ana casou-se com Manoel Vieira Dantas, de Penedo, viúvo, comerciante de gados e pai de uma moça chamada Maria Catarina. Dessa relação, nasceram sete filhos: Ana Luísa Vieira de Albuquerque Maranhão (a baronesa de Atalaia), Francisca Vieira Lins, Francisco Frederico da Rocha Vieira (capitão de ordenança), Manoel Duarte Ferreira Ferro (o barão de Jequiá), Ignácio Vieira de Barros Cajueiro (médico), João Lins Vieira Cansanção de Sinimbu (o visconde de Sinimbu)."[8]

É no livro *O Visconde de Sinimbu*, do historiador alagoano João Craveiro Costa, que encontramos algumas informações adicionais sobre a participação da família nos levantes, visto que o filho de Ana Lins se tornou um nome importante na história alagoana.

Por ser senhora de diversos engenhos de açúcar, espalhados por todo o território alagoano, Ana Lins era considerada a dama de ferro da nobreza açucareira. Além do engenho Sinimbu, também pertenciam a ela o engenho Varrela, o engenho Ilha (Novo Sinimbu e depois Usina Sinimbu) e o engenho Jequiá do Fogo e o engenho Prata.[9]

São Miguel dos Campos era uma das principais vilas da Comarca. Os senhores de engenho Ana Lins e seu marido Manoel Vieira Dantas atuaram de forma destemida e declarada como grandes colaboradores da Revolução de 1817, movimento que proclamou a República a partir de Recife, inaugurando o ciclo revolucionário da Independência.[10] Entre as principais aspirações de Ana estava a de fazer, um dia, Alagoas independente de Pernambuco e o Brasil de Portugal. Para que isso se concretizasse, aos 53 anos, mobilizou revolucionários e não se deixou atemorizar pela repressão da coroa portuguesa. Congregando seus correligionários e promovendo reuniões em sua casa, transformou seus engenhos em importantes centros de combate.[11]

Assim, durante a Revolução de 1817, Ana Lins "foi uma ativa colaboradora do movimento rebelde, atuando na propaganda das ideias revolucionárias, indo a cavalo, de engenho a engenho para convencer senhores e escravizados, com seu próprio exemplo de coragem, a se engajarem na luta".[12] Na contramão da revolta, que recuava à medida em que perdia adeptos na comarca, Ana atuava como emissária dos ideais emancipadores e acabou ficando na mira das forças leais à Coroa.

Durante suas visitas a outros engenhos da região, visando espalhar os ideais revolucionários e reunir combatentes, Ana Lins convenceu outros senhores a se juntar à causa da Revolução, ampliando sua influência em Alagoas. Segundo Craveiro Costa, Ana Lins prometeu alforria aos escravizados de seus engenhos para que pegassem em armas como sujeitos livres. É neste ínterim que pode ter acontecido o encontro com Rosa.[13]

A Coroa reagiu à movimentação. As forças de repressão enviadas pelo capitão-general da Bahia, o Conde dos Arcos, lideradas pelo ouvidor da comarca das Alagoas, Antônio Ferreira Batalha, foram determinantes para o desmantelamento dos republicanos na região. Ao chegar à vila das Alagoas, o ouvidor reverteu a situação, recrutou indígenas para as tropas, decretou prisões, realizou devassas e espalhou boatos de que Alagoas seria emancipada. As armas e a possibilidade de autonomia fragilizaram a resistência.

Em São Miguel dos Campos, Ana Lins, seu marido e seus filhos acabaram pegos no contrapé. Enquanto as vilas seguiam jurando lealdade à Portugal e o ouvidor Ferreira Batalha desarticulava os republicanos alagoanos, Manoel Vieira Dantas tentava reunir armas e munições, e Ana Lins seguia de fazenda em fazenda levando a propaganda revolucionária. Ao fim, Vieira Dantas e o filho Manoel Duarte Ferreira Ferro fugiram para o interior da capitania, onde permaneceram até o início de fevereiro de 1818, quando d. João VI concedeu anistia aos revolucionários. O compromisso firmado com a Coroa portuguesa e a recusa em aderir às ideias republicanas disseminadas, a partir do Recife, garantiram a emancipação da parte sul de Pernambuco. A comarca das Alagoas foi elevada a condição de Capitania em 16 de setembro de 1817 como recompensa por sua recusa em tomar parte no movimento revolucionário.[14]

A participação na Revolução de 1817, no entanto, não encerraria a atuação de Ana Lins nas lutas do período. A alagoana continuaria a colaborar como agente das causas emancipatórias, envolvendo-se em outros levantes, como a Confederação do Equador, o movimento revolucionário de cunho republicano e separatista que tomou corpo em Pernambuco e se alastrou pelo Nordeste.

Outros combates

O dia 2 de julho de 1824 foi o marco inicial da Confederação do Equador, em Pernambuco. No hastear da bandeira da república e do federalismo, a autonomia de Pernambuco foi afirmada uma vez mais e a República foi reimplantada.[15] O movimento, que teve frei Caneca como principal liderança, espalhou-se pelos vizinhos: Ceará, Rio Grande do Norte, Piauí, Sergipe, Alagoas, Paraíba. Com a dissolução da Assembleia Constituinte, em 12 de novembro de 1823, no Rio de Janeiro, ficou evidente que as possibilidades de um regime federalista tinham sido perdidas.

Neste momento, Alagoas se dividia entre duas Juntas de Governo: a vila das Alagoas e a da vila de Porto Calvo. Cada uma considerava-se mais legítima que a outra e atacavam-se com impropérios como os de "pseudo-junta" e "intrusa".[16] Manoel Vieira Dantas, marido de Ana Lins e partidário da Junta da vila de Porto Calvo, se colocou à frente do movimento rebelde em Alagoas com o objetivo de ligar a província à Confederação. Enquanto Vieira Dantas e seus companheiros se dirigiam a Pernambuco, a fim de adquirir forças para destituir a Junta de Governo sediada em vila das Alagoas, o tenente-coronel Oliveira Bello, então Governador das Armas (comandante territorial e responsável pelas tropas da região), com auxílio das demais câmaras municipais da província, armou o contragolpe.

A primeira batalha acontece em Palmeira dos Índios. Em seguida, diversos combates eclodem em vilas diferentes ao mesmo tempo. A segunda batalha ocorreu nos subúrbios de Anadia e a terceira em São Miguel do Campos, para onde marchou o próprio Governador das Armas Oliveira Bello à frente de suas tropas. Na tentativa de impedir o retorno dos confederados que haviam seguido para Pernambuco sob liderança de Manoel Vieira Dantas, foi deslocado um destacamento de trinta ou quarenta praças da vila Penedo que haviam participado da campanha da Bahia contra as forças lusitanas.

Vieira Dantas e seus homens tentavam retornar de Pernambuco enquanto os rebeldes eram abatidos em São Miguel dos Campos. Descendo pelo rio Paraíba, a certa altura foram obrigados a parar porque os homens do Governador das Armas os aguardavam na margem oposta, bloqueando a passagem. Em São Miguel dos Campos, mais uma vez, os confederados aliados de Ana Lins combateram arduamente as tropas do imperador até que Vieira Dantas fosse preso juntamente com seu filho. Ambos foram condenados à morte mas acabaram sendo enviados para o Rio Negro, no Amazonas. Sem deixar-se intimidar pela captura do marido, Ana Lins continuou à frente do engenho Sinimbu comandando a mais destemida e feroz reação à repressão imperial. Os últimos fiéis da resistência estavam com ela em suas terras.

Entrincheirada na casa grande do engenho Sinimbu, Ana Lins e seus aliados, em sua maioria escravizados e serviçais, resistiram enfrentando à bala as tropas inimigas até que a munição se esgotou e foram obrigados a se render. Lins, que dirigiu pessoalmente este combate, assistiu a um incêndio devorar seus canaviais e destruir as casas dos moradores locais. Em um gesto de nobreza e amor pelo ideal republicano, Ana Lins garantiu a fuga de seus aliados para que não fossem capturados pelas tropas imperiais, ficando assim no local, pagando com a própria liberdade.[17]

Ela e o seu filho, João Lins Vieira Cansanção, futuro visconde de Sinimbu, foram levados para a cadeia pública de Alagoas, onde ficaram por cerca de seis meses. Na prisão, Ana Lins conseguiu que o filho não fosse afastado dela, permanecendo a seu lado durante todo o tempo. Isso garantiu que ele continuasse seus estudos. Em junho de 1825, Dom Nuno Eugênio de Lossio e Seiblitz, o primeiro presidente nomeado para a província, fez valer o decreto de 7 de março, que anistiava todos os envolvidos. Esse foi o marco inicial da pacificação completa.

O engenho Sinimbu, a trincheira da República

Quando libertada da prisão, Ana Lins assumiu o encargo de restaurar sua propriedade arrasada. Corajosa, enfrentou muitas dificuldades, porém, como era senhora de vários engenhos, administrou seus recursos e garantiu o que fosse necessário para reerguer o principal deles, Sinimbu, palco de sua luta pela liberdade. Quando seu marido retornou do degredo, encontrou o engenho restaurado e imponente como antes.

A história deste engenho é um testemunho de destruição e resistência, desde sempre. Há registros de que o engenho mais antigo de São Miguel dos Campos tenha sido aquele que levava o mesmo nome da região. Não há uma data exata da sua fundação. Ele pode ter sido construído em 1612, quando este território foi repartido em sesmarias.

O engenho ficava localizado às margens do rio São Miguel e pertencia ao português Antônio Barbalho Feio. Em 1633, a propriedade foi vendida ao mercador holandês Marten Meyendersen. Quando Ana Lins comprou o engenho, ele estava completamente destruído. Mas com o trabalho de Ana Lins, o Sinimbu tornou-se o mais importante engenho de Alagoas, o açúcar era transportado de barcaças pelas águas do rio São Miguel com destino ao porto do Francês e de lá era enviado de navio para a Europa.[18]

A origem do nome sinimbu vem dos indígenas caetés que habitaram a região. De acordo com a escritora miguelense Guiomar Alcides de Castro, "tanto o rio quanto o engenho eram chamados de *sinimbys*. A palavra *sinimbys* ou *senambys*, na linguagem indígena, significa 'calangos verdes'".[19] Assim, eram chamados os nossos indígenas. O engenho Sinimbu, que morreu e nasceu duas vezes, ficou conhecido como a trincheira da República, após a cena de Ana Lins em rendição junto ao filho.[20]

Ana Lins morreria alguns anos depois do fim da Confederação do Equador, em 1839, aos 75 anos de idade. Não se sabe ao certo como nossa heroína viveu os quatro anos que separam o seu último combate de sua morte. Se não havia visto a concretização de seus ideais republicanos, foi possível, no entanto, se rejubilar pela desejada conquista da emancipação, pela qual lutou convicta e corajosamente.

O retrato de Ana Lins

Posteriormente, Ana Maria José Lins foi homenageada em São Miguel dos Campos com a criação de uma escola que leva seu nome. Devido a sua imponente atuação para eliminar o controle e a influência portuguesa de Alagoas e do Brasil, e por seu exemplo de determinação nas batalhas em que participou, a destemida senhora de engenho é reconhecida em seu estado como a heroína de Alagoas e também como a heroína miguelense. Há também, em São Miguel dos Campos, o Museu Fernando Lopes, instalado num antigo imóvel de Ana Lins. Lá, onde os Vieira Lins costumavam passar os fins de semana, estão mantidos alguns itens da família e obras que remetem à sua influência na região.

Se tem notícia de apenas um desenho retratando Ana Lins. Testa larga, cabelos arrumados em coques ao redor das orelhas, dividido ao meio. Usava brincos, tinha olhos atentos e dizia-se que era altiva e tinha porte elegante. É digno de nota, também, a sua educação e formação intelectual. Isso foi uma marca da preocupação com os filhos, garantindo que todos estudassem. Essa informação aparece de forma secundária, ao falar do sucesso de sua prole.

As palavras são a única força que pode trazer Ana Lins à vida hoje. Mais que isso, apenas o desenho nos empresta à imaginação alguma ajuda para conseguir enxergá-la, enfrentando o apagamento. Ana Lins, a heroína de Alagoas, está soterrada sob o nome de homens do mesmo lugar. Sobre ela há o peso de Calabar, o traidor. Aquele que preferiu apoiar os holandeses, que sobreviveu e entrou conosco no século XXI, justamente porque foi lembrado e cantado.

Ela, no entanto, reconstruiu um engenho destruído, distribuiu panfletos, saiu de lugar em lugar, convencendo os senhores a apoiar a causa da independência em seus vários momentos, foi caridosa e combatente. Ana Lins também protagonizou a última batalha da Confederação do Equador em Alagoas, lutando até a última pólvora e se rendendo com coragem, na proteção dos seus.

Mesmo assim, Ana Lins é lembrada não por suas ações, mas como descendente dos Lins europeus, do fundador do lugar, esposa de senhores de engenho, mãe de homens nobres e mulheres que também não são consideradas por seus feitos. Tal como a personagem Maria Moura, de Rachel de Queiroz, Diadorim, de Guimarães Rosa, ou Luzia Homem, de Domingos Olympio, sua força esteve na coragem de enfrentar e na capacidade de reconstruir. A bravura cobra um preço.

Ao longo dos anos, sabemos cada vez menos sobre quem ela foi. Sobre sua mãe, por exemplo. Apagar os povos originários, ocultar a história de sua genitora, valorizar o sangue europeu, delegar à mulher somente o lugar de mãe e esposa é sintoma de uma doença que acomete a memória do Brasil desde o tempo das lutas pela independência.

A palavra que ressuscita Ana Lins é tão improvável quanto quase impossível. Filipa ou Ignês, Ana e Rosa são três mulheres, talvez quatro, com histórias apagadas, mas com participação corajosa e ativa, em um país que até hoje tenta compreender a própria formação. Escrever sobre elas é nosso levante simbólico pelas histórias esquecidas. Por Filipa, Ignês, Rosa e Ana Lins e tantas outras que estavam lá. Por causa delas, estamos de pé. Que nós, que delas viemos, sigamos igualmente conscientes de que travamos duas lutas ao mesmo tempo: da justiça e da visibilidade. Que a palavra de uma mulher sempre salve outras mulheres das sombras.

NOTAS

1. S. Schumaher, *Gogó de emas: a participação das mulheres na história do Estado do Alagoas*, 2004, p. 36.

2. Ibidem.

3. G. A. de Castro. "A Estirpe de Ana Lins". Revista do Instituto Histórico e Geográfico de Alagoas, v. XXVIII, 1968, pp. 61-65.

4. Ibid., p. 61.

5. C. Costa, *História de Alagoas*. São Paulo: Companhia Melhoramentos, 1983 apud G. A. de Castro. "A Estirpe de Ana Lins", op. cit., p. 62.

6. G. A. de Castro, op. cit., p. 64.

7. E. Bezerra, *Biografia da heroína Ana Maria José Lins (Ana Lins)*. 19 de setembro de 2019. Disponível em: <https://www.portalescritores.com.br/texto/7829/biografia-da-heroina-ana-maria-jose-lins-ana-lins.html> Acesso em 4 mai 2022.

8. Ibidem.

9. Ibidem.

10. E. C. de Mello, *A outra Independência: o federalismo pernambucano de 1817 a 1824*, 2004.

11. S. Schumaher, op. cit., p. 36.

12. Idem.

13. C. Costa, *Emancipação das Alagoas*, 1967.

14. A. Duarte, *As Alagoas na Guerra da independência*, 1974.

15. E. C. de Mello, op. cit.

16. Itinerários Virtuais da Independência. Disponível em: <http://projetorepublica.org/independencia/#provincias#al>. Acesso em 13 jun 2022.

17. C. J. Costa, *O Visconde de Sinimbu: sua vida e sua atuação na política nacional (1840-1889)*, 1937, pp. 37-38.

18. E. Bezerra, O Engenho São Miguel, depois Engenho Sinimbu, foi o primeiro engenho a se instalar no solo miguelense. 22 de novembro de 2020. Disponível em: <https://www.portalescritores.com.br/texto/8230/a-historia-do-engenho-sao-miguel-depois-engenho-sinimbu-da-cidade-de-sao-miguel-dos-campos-alagoas.html>. Acesso em 29 mai 2022.

19. Ibidem.

20. C. J. Costa, op. cit., p. 38.

POSFÁCIO
MULHERES EM NECESSÁRIA TRAVESSIA

Cármen Lúcia Antunes Rocha

Naqueles oitocentos, os passos marcavam-se por cadências ou grilhões. O baile e o açoite. As sedas e as correntes. Sem liberdade, tudo é pena. Não há libertação sem riscos. Mulher vive em risco. Vida feminina é ousadia. Pensar a vida, um atrevimento!

Em que canto guardado ou escondido ficaram as mulheres, silentes e *desistoriadas*? Mundo de homens, por eles feito, esse ser feminino estranho e sangrento destempera a vida. Parecem desalmadas. Só o corpo existe. Mas sangue tem força. Elas pervertem, pecam, atraem os homens por caminhos encobertos de si mesmos. Não se controlam, por isso há que cortiná-las! Nos salões, exibem-nas. Depois, há que guardá-las! Os olhares alheios, conspícuos, fascinados. Traições insuspeitas.

Se elas pensassem, se elas fossem iguais? Nos limites dos quartos e nas esfumaçadas tigelas com que se nutriam os homens, as mulheres ausentavam-se. Pensassem e falassem, o que seria do mundo?

Mas surdez não é mudez! As mulheres escutavam. Elas estavam lá. O mundo desconjuntava-se, ardia. A coroa ainda cintilava, mas trêmula. Senhores riam. O povo descontentava-se. Mas é quem, o povo? Mundo de senhor e vassalo. Não há feminino.

A Corte intriga, impõe-se. A ferida instiga. O escravizado quer-se liberto. Quer respirar. A mulher quer ar. Correntes a quebrar-se. E as ideias, ah, as ideias! Barulham, alvoroçam-se.

O susto da pergunta sobre o envio do bilhete. Sem mensagem um não sabe o outro. As ideias não caminham sozinhas. Precisam dos gestos. Mas há guardas de atalaia. Cada tronco estradeiro pode esconder o capitão do mato, odiento e esquecido do humano. Toda treva guarda emboscada. Será que não se embosca no iluminado salão? Mulher vê os escuros no solar e sente o mover da sombra.

A falta de direitos. Enxergar o que de si e do outro? Era preciso ter um caminho por onde trilhar para se chegar à cidadela dos direitos.

À noite vai dar vau. Continuar para respirar. Ela aceitou participar do movimento libertador. Queria tanto! Era preciso a união das gentes pensantes em novas e clareadas moradas. Sem conjuração não há revolução.

Do palácio saíra só com a ama. A aia ressabiava. Sabe-se lá de quantas escamas de dores e tormentos são feitas suas peles? Mas até a beirada do bosque precisava da companhia. Não lhe ensinaram o traçado além dos umbrais, era preciso ensaiar o trajeto na penumbra com um mínimo projeto. Depois, o seguir era aventura e busca. Até juntar-se a outros.

O caminho era estreito. Quem se alarga é o andante. Quando quer e consegue a via. A vida é sempre limite e libertação, luta e luto. E bem aventurança e gosto. E gozo! Ah, o gosto da festa! Faltante só completar a travessia. Não sabia, então, que essa não se completa jamais. Só seguir, sempre, para sempre.

A senha para reunir iguais. Os que queriam igualar-se. Os invisibilizados aparecendo. Os ensurdecidos fazendo-se ouvir, querendo falar. Mulheres com ânsias novas, de pensar, falar, fazer-se ouvir.

A andança neste ensombreado sem graça do inexistir como ser nem cansa. Para alguns, os ruídos do atalho escuro podiam assombrar. Não para a mulher. Nas sombras ela já vivia. E assombrada era pelo cortinado que impedia, no leve transparecer de figuras sem formas, o saber a vida para além das ventanas semicerradas.

Essa que ali segue perdera o filho quando ainda era menina. Seus catorze anos assistiram o ventre arredondar-se. O visconde não lhe deitava olhares. Deitava-se nela, sem a notar. Precisava do herdeiro. Nascera frágil o infante, como são frágeis os humanos todos. Mas com alguma especial fraqueza. Quisera dar-lhe mais que o existir, quem dera lhe propiciaria uma vida, apegada à sua? Ele tornara a seu estado de anjo antes do segundo ano de existência.

Ela minguou-se em corpo e espírito. Ouvia murmúrios sobre outras dores, mães, irmãs, mulheres, enfim, essas gentes de estranhamento aos poderosos. Trânsitas e diáfanas, mesmo palpáveis em corpos e suspiros, as mulheres esmaeciam, ausentavam-se dos fatos. Eram manejadas, quase coisas. Havia as que se apresentavam. Havia rainhas. Havia emudecidas princesas. Havia as pensantes, as falantes, as que forjavam seus caminhos, abriam picadas. Poucas, em geral. Solitárias, quase sempre. Suspeitas, todas.

No ainda escuro da longa noite sem direitos, a mulher sabia não serem aqueles os primeiros passos na picada aberta com pés feridos e almas libertas de gentes com seus corpos e mentes aprisionadas. Andeja da noite, ela repisava veredas antes palmilhadas por uma ou outra abençoada pela coragem martirizada das pioneiras. A infrequência das pegadas contava porque os rastros somente mostravam sinais sutis. Não se desconhecem os caminhos historiados, mas não há um andar contínuo e ritmado na rota da transformação.

A mulher segura a saia para permitir-se um andar mais ágil. Não se volta para a aia, estancada numa entrada de mais de um caminho. A noite encobria rumos e seres. Que nenhuma rota se desfaz pela ausência de luz. E cada um traça seu rumo, sabendo-o mais ou menos pedregoso ou plano.

Sob a *chemise*, e não no bolso bordado e pregado nas fendas das saias, ela guardara a senha a ser entregue às denominadas bruxas acesas. Mais que a senha – *uxoris libertatis* – a mensagem a ser entregue dava sentido à ação política que se ensaiava contra a opressiva Coroa. Fizera-se ela também conspiradora pelas liberdades. Sentira-se viva e agindo pela vida.

Quem era a caminhante importava menos que o rumo seguido dos passos. Porque sempre há os passos! Gente quando não anda, desanda. Humanidade desandada é desumanidade praticada. Deserção da inteligência ou renúncia do ser. Mesmo com grilhões ou cajado, um passo ensina o outro.

Na noite estradeira das conquistas de espaços internos e exteriores, a mulher aperta o passo em direção a outra aurora, diversa daquela entrevista mansa e quase ausentada de luz, perpassada nos *voiles* das cortinas dos palácios ou nos tapumes das mansardas.

Andança mensageira não tem retorno. Ainda que se volte ao lugar de onde partiu, não é o mesmo caminhante que regressa. Todo trajeto percorre o andante. E mulher, cuja alma caminha sobre si mesma para tecer seus bordados de sonhos e esperas, avança sobre atalhos.

A sombra não disfarça a mulher. A que entregou a mensagem da hora conjurada fez política. A forca visitou *cravats*, degolou pensamentos, esquartejou ideias e corpos. Os insurgentes, tidos como revoltosos, foram presos e julgados.

A história calou-se sobre as mulheres. A revolta trancada delas explodira e as levara à ação. Mas passaram uma tranca sobre seus passos. Silêncio não faz exemplo nem deixa sinais. Não há o que seguir. Mas elas estavam lá!

A estrada estava em meio. A noite não terminara. A mulher seguiu a cada bocado de terra. Outras tiveram suas cruzes plantadas na beira da estrada. Outras floresceram em frutos que alimentariam outros grãos de humanidade. Mas elas ensaiaram novos viveres. E vieram novos espartilhos. Alguns internos, que mordaça não precisa de amostragem. Outros, o costume encarregou-se de impor. Vestimenta também é símbolo. Educação pode ser encolhimento ou expansão. Depende da liberdade que se apregoa e ensina.

Na mesma estrada humana, outra mulher persiste no caminho. Quer independência para seu país, como aquelas que, antes, percorreram parte do mesmo trecho de história. É outra mulher a querer independer-se para ser o que quiser.

E veio uma depois da outra. E a mudez do relato. Princesa lembrada por ter convivido com a cama vazia de marido dividido, deslembrada de seu papel político "para o querido Brasil"; encoberta por "farda" masculina a que queria lutar pela quebra das correntes da Corte; a ganhadeira e marisqueira, que planejava reação e pretendia ser "vencerdeira" sobre os portugueses, estrategista e combatente em terras baianas, como antes tinha sido Urânia Vanério, cidadã criança.

A estrada humana é um sem fim.

À noite erguem-se estrelas, brilham aqui e acolá sonhos e gestos. Femininas as ideias, algumas mulheres combinam passos com os homens que mandam. Mas o mando é egoísta, forjou-se macho e indiviso. Quer o cochicho com mulher, em nicho de prazer sem compromisso. Principalmente, sem compartilhamento. Mulher além dos umbrais da porta de casa atravessa a rua e depois transpõe um mundo em busca da vida reinventada. O que não tem controle desorganiza e transgride a ordem posta.

Mulher estradeira desacorçoa. Precisa ser desqualificada. Melhor sumida. O relato histórico é adonado, precisa dar-se o tempo para o descortinar fatos e análises. Só depois a verdade apropria-se do historiado e volta a prevalecer sobre teorias e ensaios.

Os ventos mudam no curso do caminho. A casa de Hipólita acolhe gentes e ideias para dar-se à repetição. Porque elas estavam lá. "Quem não pode com as coisas, não se meta com elas". Elas puderam. Esgueiraram-se nas sombras para dar a claro um país que havia de ser para todos.

Dois centenários tem essa seguida estrada, tão longa e obscurecida, na busca de participação política da mulher. Ela compromete-se com a vida, desdenha cansaço, renega o velório, só ponto de lamento e lágrima. À mulher atribuiu-se o choro do sentir ausente. O valente masculino não se abate a ponto de expor-se, fraco não podendo parecer. Sua estrada é outra, de rédea presa, que o caminho é pré-traçado. Mulher quer rota nova, o antes lhe tendo suprimido a liberdade de ser.

Não foram poucas nem desimportantes as mulheres que se aliaram, barbaramente e em sequência histórica, neste traçado ingente e sombrio, desde mais de dois séculos atrás, de uma República de gentes públicas. Não apenas a coisa do povo, *res publica*; a gente povo. O cidadão político e partícipe: parte e participante do processo de construção da história. A independência faz entrar a luz do Sol. Mas a aurora só desponta após o percurso noturno de um brilho sem estrelas, via seguida por mulheres que se aventuraram, mãos tocadas num passado nem tão ido e um futuro ainda enevoado.

Não mais o cetim do calçado fino nem a alpargata de couro arrebentado. Nem o descalço ferido no pedregulho rumoso da falta de rota. Os pés estão mais fortes, o espírito muito mais conducente. A mulher persiste em sua caminhada em busca da independência. A sua e a do outro, tudo para se fazer uma República de gentes livres.

A alvorada chegante poderá iluminar o caminho e mostrar relampeios da justiça pela qual se luta. Aquela que garante a liberdade das almas e dos corpos e irmana gentes. Se não vier ligeiro uma manhã republicana desdobrada, talvez o Sol de esperança da alma feminina expanda seus raios de desejos de ser nação. Não se sabe quantos passos nesta estrada, ainda um tanto anoitecida, terão de ser dados. Mas as mulheres continuam a chegar e a seguir. Uma depois da outra. Uma junto à outra. Mais de dois séculos segue o cortejo republicano da busca dos direitos. E elas estavam sempre lá. E sem parar, continuam lá.

Começa a clarear.

Cármen Lúcia Antunes Rocha é ministra do Supremo Tribunal Federal.

BIBLIOGRAFIA

APRESENTAÇÃO
A voz pública das mulheres: um lugar na história

BEARD, Mary. *Mulheres e poder*. São Paulo: Planeta do Brasil, 2018.

BIROLI, Flávia. *Gênero e desigualdades: os limites da democracia no Brasil*. 1ª Ed., São Paulo: Boi Tempo, 2018, p. 175.

CARVALHO, José Murilo de. *A construção da ordem: a elite política imperial. Teatro de sombras: a política imperial*. Rio de Janeiro: Civilização Brasileira, 2006.

FEM - Fórum Econômico Mundial. Global Gender Gap Report 2021. Cologny: FEM, 2021.

FRANCHINI NETO, Helio. *Independência e morte: política e guerra na emancipação do Brasil*. Rio de Janeiro, Topbooks, 2019.

LORAUX, Nicole. *Experiences of Tiresias The Feminine & the Greek Man*. Princeton: Princeton University Press, 1997.

_____. *The children of Athena: Athenian Ideas about Citizenship and the Division between the Sexes*. Princeton: Princeton University Press, 2021.

MELLO, Evaldo Cabral de. *A outra Independência; o federalismo pernambucano de 1817 a 1824*. São Paulo: Editora 34, 2004.

NEVES, Lúcia M. Bastos Pereira das; NEVES, Guilherme Pereira das. "Independência". In: João Feres Júnior (Org.). *Léxico da história dos conceitos políticos do Brasil*. Belo Horizonte: Editora UFMG, 2014.

PERROT, Michelle. *Minha história das mulheres*. São Paulo: Editora Contexto, 2007.

Hipólita Jacinta Teixeira de Melo, filha do país das Minas

ALMEIDA, Roberto Wagner de. *Entre a cruz e a espada: a saga do valente e devasso padre Rolim*. São Paulo: Paz e Terra, 2002.

ANASTASIA, Carla Maria Junho. *Vassalos rebeldes: violência coletiva nas Minas na primeira metade do século XVIII*. Belo Horizonte: Editora C/Arte, 1998.

ARENDT, Hannah. *A dignidade da política: ensaios e conferências*. Rio de Janeiro: Relume Dumará, 1993.

BAILYN, Bernard. *As origens ideológicas da Revolução Americana*. Bauru: EDUSC, 2003.

CARVALHO, José Murilo de. "Federalismo y centralización em el império brasilenõ: historia y argumento". In: CARMAGNANI, Marcello (Coord.). *Federalismos latinoamericanos: México/Brasil/Argentina*. Ciudad de México: Fondo de Cultura Económica, 2016.

COELHO, Ronaldo Simões. *Hipólita, a mulher inconfidente*. Belo Horizonte: Armazém de Ideias, 2000.

COTTA, Francis Albert. *Matrizes do sistema policial brasileiro*. Belo Horizonte: Crisálida, 2012.

DAVIS, Natalie Zemon. *O regresso de Martin Guerre*. Porto: Fio da Palavra, 2009.

DORIA, Pedro. *1789: a história de Tiradentes e dos contrabandistas, assassinos e poetas que lutaram pela independência do Brasil*. Rio de Janeiro: Nova Fronteira, 2014.

FIGUEIREDO, Lucas. *O Tiradentes: uma biografia de Joaquim José da Silva Xavier*. São Paulo: Companhia das Letras, 2018.

FOCAS, Junia Diniz. *Inconfidência mineira: a história dos sentidos de uma história*. Belo Horizonte: Faculdade de Letras/UFMG, 2002.

FURTADO, João Pinto. *O manto de Penélope: história, mito e memória da Inconfidência mineira de 1788-9*. São Paulo: Companhia das Letras, 2002.

GUATTARI, Félix. *Revolução molecular: pulsações políticas do desejo*. São Paulo: Brasiliense, 1981.

GONÇALVES, Adelto. *Gonzaga, um poeta do Iluminismo*. Rio de Janeiro: Nova Fronteira, 1999.

JARDIM, Márcio. *A inconfidência mineira: uma síntese factual*. Rio de Janeiro: Biblioteca do Exército, 1989.

KRANZ, Bell. *21 Nossas Senhoras que inspiram o Brasil*. São Paulo: Planeta, 2020.

PERROT, Michelle. *Minha história das mulheres*. São Paulo: Editora Contexto, 2007.

PINSKY, Carla Bassanezi e PEDRO, Joana Maria (Orgs.). *Nova história das mulheres no Brasil*. São Paulo: Editora Contexto, 2012.

MAXWELL, Kenneth. *A devassa da devassa. A Inconfidência Mineira: Brasil-Portugal (1750-1808)*. Rio de Janeiro: Paz e Terra, 2009.

_____. (Org.). *O livro de Tiradentes: transmissão atlântica de ideias políticas no século XVIII*. São Paulo: Penguin Classics Companhia das Letras, 2013.

MEIRELES, Cecília. *Romanceiro da Inconfidência*. Rio de Janeiro: Nova Fronteira, 1989.

NEVES, Lúcia M. Bastos Pereira das; NEVES, Guilherme Pereira das. "Independência". In: João Feres Júnior (Org.). *Léxico da história dos conceitos políticos do Brasil*. Belo Horizonte: Editora UFMG, 2014.

RODRIGUES, André Figueiredo. *A fortuna dos inconfidentes; caminhos e descaminhos dos bens de conjurados mineiros (1760--1850)*. São Paulo: Globo, 2010.

ROUANET, Sérgio Paulo. "As Minas iluminadas: a Ilustração e a Inconfidência". In: NOVAES, Adauto (Org.). *Tempo e história*. São Paulo: Companhia das Letras, 1992.

SANT'ANNA, Sonia. *Inconfidências mineiras: uma história privada da Inconfidência*. Rio de Janeiro: Zahar, 2000.

SOUZA, Laura de Mello e. *O sol e a sombra: política e administração na América portuguesa do século XVIII*. São Paulo: Companhia das Letras, 2006.

_____. *Cláudio Manuel da Costa: o letrado dividido*. São Paulo: Companhia das Letras, 2011.

_____. (Org.). *História da vida privada no Brasil: cotidiano e vida privada na América portuguesa*. São Paulo: Companhia das Letras, 1997, v.1.

STARLING, Heloisa Murgel. *Ser republicano no Brasil Colônia: a história de uma tradição esquecida*. São Paulo: Companhia das Letras, 2018.

STUMPF, Roberta Giannubilo. *Filhos das Minas, americanos e portugueses: identidades coletivas na capitania das Minas Gerais (1763-1792)*. São Paulo: Hucitec/ Fapesp, 2010.

VALE, Paulo de Carvalho. *De Prados, da "Ponta do Morro", para a liberdade*. Prados/ Belo Horizonte: Prefeitura Municipal de Prados/ Armazém de Ideias, 2000.

Bárbara de Alencar, heroína do Crato

ARARIPE, J. C. Alencar. *Alencar: O Padre Rebelde*. Fortaleza: Secretaria da Cultura e Desporto do Estado do Ceará, 1995.

_____. *Bárbara e a Saga da Heroína: José de Alencar e o desafio da escravidão*. Fortaleza: ABC Editora, 2006.

ARAÚJO, Jurema da Silva et al. "O diálogo entre a literatura, a memória e a história no romance 'Dona Bárbara do Crato'". *Letras em Revista*, Teresina, v. 8, n. 02, jul./dez. 2017.

ARAÚJO, Ariadne. *Bárbara de Alencar*. Fortaleza: Fundação Demócrito Rocha, 2017.

BRAZIL, Érico Vital; SCHUMAHER, Schuma (Orgs). "Bárbara de Alencar". In: *Dicionário Mulheres do Brasil*. Rio de Janeiro: Zahar, 2000.

CÂNDIDO, Tyrone Apollo Pontes Cândido. "A plebe heterogênea da Independência: armas e rebeldias no Ceará (1817-1824)", *Almanack, Guarulhos*, n. 20, pp. 194-215, dez. 2018.

COSTA, Luiz de Souza Henrique; SILVA, Francisco Felipe. "A independência do Crato, no contexto da revolução pernambucana de 1817, e o episódio de sua oficialização na Casa de Câmara". *Revista de História da UEG*, Morrinhos, v.8, n.2, e-821912, jul./dez. 2019.

GASPAR, Roberto. *Bárbara de Alencar: a guerreira do Brasil*. Universidade de Indiana, 2001.

LUNA, Cláudia. "Bárbara de Alencar, de inimiga do rei a heroína nacional: percursos da imaginação histórica e modelos de representação literária", *Litcult*: 2015. Disponível em: <https://litcult.net/2015/09/13/barbara-de-alencar-de-inimiga-do-rei-a-heroina-nacional-percursos-da-imaginacao-historica-e-modelos-de-representacao-literaria-claudia-luna/>. Acesso em 16 fev. 2022.

MACEDO, Heitor Feitosa. "Os 200 anos da Revolução Pernambucana no Cariri cearense", *Revista Itayera*, Crato, nº 46, 2016/2017.

NETO, Lira. *O inimigo do rei*. São Paulo: Globo, 2006.

SOUSA, Kelyane Silva de. *Bárbara de Alencar: relações de gênero e poder no Cariri Cearense*. Dissertação de mestrado. Departamento de Políticas Públicas e Sociedade, Ceará, UEC, 2015.

KROOK, Mona Lena e SANÍN, Juliana. "Género y violencia política en América Latina. Conceptos, debates y soluciones", *Política y gobierno*, v. 23, no.1, Ciudad de México, 2016.

Lamentos e lutas de Urânia Vanério na Independência do Brasil

BITTENCOURT, Circe. *Identidade Nacional e ensino de História do Brasil*, In: Leandro Karnal (Org.). *História na sala de aula: conceitos, práticas e propostas*. 5ª ed. São Paulo: Editora Contexto, 2002.

CARVALHO, José Murilo de. "Cidadania: Tipos e Percursos", *Estudos Históricos*, v. 9, n. 18, 1995.

CARVALHO, José Murilo de et al. *Guerra literária: poesia, relatos, Cisplatina: panfletos da Independência (1820-1823)*. Belo Horizonte: Editora UFMG, 2014.

DAL RI, Luciene. "A construção da cidadania no Brasil: entre Império e Primeira República". *Espaço Jurídico*, Joaçaba, v. 11, n. 1, pp.7-36, jan. /jun.

DIAS, Maria Odila Leite da Silva. *A interiorização da metrópole e outros estudos*. São Paulo: Alameda Editorial, 2015.

DUARTE, Evandro Charles Piza & QUEIRÓZ, Marcos Vinícius Lustosa. "A Revolução Haitiana e o Atlântico Negro: o Constitucionalismo em face do Lado Oculto da Modernidade". *Direito, Estado e Sociedade*. Rio de Janeiro, n. 49, pp.10-42, jul./dez. 2016.

FREYRE, Gilberto. *Sobrados e Mucambos*. 15. ed. São Paulo: Global editora, 2004.

GUERRA FILHO, Sérgio Armando D. *O Povo e a Guerra: Participação das Camadas Populares nas Lutas pela Independência do Brasil na Bahia*. Dissertação de Mestrado. PPGH/UFBA, 2004.

GRINBERG, Keila. *O fiador dos brasileiros: cidadania, escravidão e direito civil no tempo de Antônio Pereira Rebouças*. Rio de Janeiro: Civilização Brasileira, 2002.

JANCSÓ, István. *Independência história e historiografia*. São Paulo: Hucitec/ Fapesp, 2005.

LABBE, Stéphane. *Jean-Pierre Claris de Florian: Flabes*. Ecole Des Loisirs Edition, 2019.

MATOS, Edna Maria. *A independência do solo que habitamos: poder, autonomia e cultura política na construção do império brasileiro - Sergipe (1750-1831)*. São Paulo: Cultura Acadêmica, 2012.

MELLO, Evaldo Cabral de. *A Outra Independência: o federalismo de 1817 a 1824*. São Paulo: Editora 34, 2014.

NEVES, Lúcia Maria Bastos P. "Cidadania e participação política na época da Independência do Brasil". *Cadernos CEDES*. 2002, v. 22, n. 58, pp. 47-64.

PAIXÃO, Roberto Carlos Bastos da. *"A trajetória de Euzébio Vanério na Instrução Pública (1784-1852).* Tese de Doutorado: PPGED/UFS, 2020.

PALLARES-BURKE, Maria Lúcia Garcia. *Nísia Floresta, O Carapuceiro e outros ensaios de tradução cultural.* São Paulo: Hucitec, 1996.

PRIORE, Mary Del. *A carne e o sangue. A Imperatriz D. Leopoldina, D. Pedro I e Domitila, a Marquesa de Santos.* São Paulo: Rocco, 2012.

PRADO, Maria Ligia & FRANCO, Stella Scatena. "Participação feminina no debate público brasileiro". In: Carla B. Pinsky & Joana M. Pedro. *Nova História das Mulheres no Brasil.* São Paulo: Editora Contexto, 2012, pp. 194-217.

RICCI, Magda. "Cabanagem, cidadania e identidade revolucionária: o problema do patriotismo na Amazônia entre 1835 e 1840", *Tempo.* 2006, v.11, n.22, pp. 5-30.

SABINO, Inês. *Mulheres Ilustres do Brazil.* Florianópolis: Editora Mulheres, 1996. (ed. Fac-Símile).

STARLING, Heloisa Maria Murgel & LIMA, Marcela Telles Elian de (Orgs.). *Vozes do Brasil: a linguagem política na Independência (1820- 1824).* Brasília: Edições do Senado Federal, 2021.

VALIM, Patrícia. "Conjuração Baiana de 1798 e República Bahinense". In: Lilia M. Schwarcz & Heloísa Starling (Orgs). *Dicionário da República: 51 textos críticos.* São Paulo: Companhia das Letras, 2019, pp. 53-59.

VALIM, Patrícia. *Da Sedição dos Mulatos à Conjuração Baiana de 1798: a construção de uma memória histórica.* Dissertação de Mestrado, DH/FFLCH/USP, 2007.

VELLOZO, Júlio César de Oliveira & ALMEIDA, Silvio Luiz de. "O pacto de todos contra os escravos no Brasil Imperial". *Direito e Práxis*. Rio de Janeiro, v. 10, n. 3, pp. 2137-60, jul. 2019.

Maria Felipa de Oliveira, a mulher que veio do mar e ruminava fogo

CASTRO, Ubiratan. "Prefácio" In: *Maria Felipa de Oliveira: Heroína da Independência da Bahia*, 2010.

DOS SANTOS, Lucas Borges. "Maria Felipa", *Resgate da Memória*, v. 2, jun, 2014, p. 31.

FARIAS, Eny Kleyde. *Maria Felipa de Oliveira: Heroína da Independência da Bahia*. Salvador: Quarteto, 2010.

GUERRA FILHO, Sérgio Armando Diniz. *O povo e a guerra: participação das camadas populares nas lutas pela independência do Brasil na Bahia*. Dissertação de mestrado. Departamento de história, Salvador, 2004.

KRUSCHEWSKY, Eduardo. "Conheça a história de Maria Felipa, Heroína baiana", *Academia Feirense de Letras*. Disponível em: <https://academiafeirensedeletras.com.br/conheca-a-historia-de-maria-felipa-heroina-baiana/>. Acesso em 15 mar. 2022

PRATA, Lívia. *Maria Felipa: uma heroína baiana*. Monografia de conclusão de curso em Comunicação Visual, UFRJ, Rio de Janeiro, 2018.

Maria Quitéria: algo novo na frente da batalha

ALMEIDA, Miguel Calmon Du Pin. *Relatório dos trabalhos do Conselho Interino de Governo da província da Bahia*. Bahia: Tipografia Nacional, 1823.

FRANCHINI NETO, Helio. *Independência e morte: política e guerra na emancipação do Brasil (1821-1823)*. Rio de Janeiro: Topbooks, 2019.

GRAHAM, Maria. *Diário de uma viagem ao Brasil*. São Paulo: Editora Nacional, 1953.

HUNT, Lynn. *A invenção dos direitos humanos: uma história*. São Paulo: Companhia das Letras, 2009.

KRAAY, Hendrik. *Política racial, estado e Forças Armadas na época da Independência da Bahia (1790-1850)*. São Paulo: Hucitec, 2001.

LYRA, Maria de Lourdes Viana. *Memoria da Independência: marcos e representações simbólicas*. In: Revista Brasileira de História. v. 15. nº 29. São Paulo, 1995.

MATTOSO, Kátia. "A opulência na província da Bahia". In: NOVAIS, Fernando A.; SEVCENKO, Nicolau (Coord.). *História da vida privada no Brasil. Império: a corte e a modernidade nacional.* v. 02. São Paulo: Companhia de Bolso, 2019.

PEREIRA, Manoel Passos Pereira. *O processo de independência do Brasil no recôncavo Baiano: política, guerra e cultura. (1820 – 1823)*. Salvador: EDUFBA, 2021.

PRANDI, Reginaldo. *Herdeiras do áxé: sociologia das religiões afro-brasileiras*. São Paulo: Hucitec, 1996.

REIS JUNIOR, Pereira. *Maria Quitéria*. Rio de Janeiro: Imprensa Nacional, 1953.

SANTIAGO, Diogo Lopes. *História da guerra de Pernambuco e feitos memoráveis do mestre de campo João Fernandes Vieira herói digno de eterna memória, primeiro aclamador da guerra*. Recife: Fundarpe, 1984.

SIMAS, L; RUFINO, L. *Fogo no mato: a ciência encantada das macumbas*. Rio de Janeiro: Mórula, 2018.

SCHUMAHER, Schuma; BRAZIL, Érico Vital (Orgs). *Dicionário mulheres do Brasil: de 1500 até a atualidade*. Rio de Janeiro: Zahar, 2000.

SPIX, F; MARTIUS, C. *Viagem pelo Brasil* (1817-1820). v. 2. Brasília: Senado Federal, 2017.

STARLING, Virginia. *Não é só para ela: os muitos gêneros da moda*. Rio de Janeiro: Bazar do Tempo. (No prelo).

TAVARES, Luis Henrique Dias. *História da Bahia*. Salvador: Centro Editorial e Didático da UFBA, 1974.

VALIM, Patrícia. "Maria Quitéria vai à guerra". In FIGUEIREDO, Luciano (Org.). *História do Brasil para ocupados*. Rio de Janeiro: Casa da Palavra, 2013.

A coroa que lhe cabe: Leopoldina e a aventura de fazer um Brasil

FELDMANN, Marianne et al (Org.). *Olhares cruzados Áustria – Brasil*. Brasil: Kapa Editorial & Embaixada da Áustria, 2016.

KANN, B. et al. *Dona Leopoldina: Cartas de uma imperatriz*. São Paulo: Estação Liberdade, 2006.

LUSTOSA, Isabel. *D. Pedro I: um herói sem nenhum caráter*. São Paulo: Companhia das Letras, 2006.

NORTON, Luís. *A corte de Portugal no Brasil: notas, alguns documentos diplomáticos e cartas da Imperatriz Leopoldina*. São Paulo: Companhia Editora Nacional, 2008.

OBERACKER, Carlos H. *A imperatriz Leopoldina: sua vida e sua época*. Rio de Janeiro: Conselho Federal de Cultura & Instituto Histórico e Geográfico Brasileiro, 1973.

REZZUTTI, Paulo. *D. Leopoldina: a história não contada: a mulher que arquitetou a Independência do Brasil*. Rio de Janeiro: LeYa, 2017.

WHEATCROFT, Andrew. *The Habsburgs:* Embodying Empire. Londres: Penguin Books, 1996.

Ana Lins, a dama do açúcar e combatente republicana

BRANDÃO, Ulysses de Carvalho Soares. *Pernambuco de outr'óra, a Confederação do Equador*. Pernambuco: Officinas graphicas da Repartição de publicações officiaes. 1924. Acervo da Biblioteca Brasiliana Guita e José Mindlin.

BEZERRA, Ernande. *Biografia da heroína Ana Maria José Lins*. 19 de setembro de 2019. Disponível em: <https://www.portalescritores.com.br/texto/7829/biografia-da-heroina-ana-maria-jose-lins-ana-lins.html> Acesso em 4 mai 2022.

_____. *O Engenho São Miguel, depois Engenho Sinimbu , foi o primeiro engenho a se instalar no solo miguelense*. 22 de novembro de 2020. Disponível em: <https://www.portalescritores.com.br/texto/8230/a-historia-do-engenho-sao-miguel-depois-engenho-sinimbu-da-cidade-de-sao-miguel-dos-campos-alagoas.html> Acesso em 29 mai 2022.

CASTRO, Guiomar Alcides de. "A Estirpe de Ana Lins". *Revista do Instituto Histórico e Geográfico de Alagoas*, v. XXVIII, 1968, pp. 61-65.

COSTA, Craveiro. *Emancipação das Alagoas*. Maceió: Secretaria de Estado dos Negócios da Educação e Cultura/ Arquivo Público de Alagoas, 1967.

_____. *História de Alagoas*. São Paulo: Companhia Melhoramentos, 1983.

_____. *O Visconde de Sinimbu: sua vida e sua atuação na política nacional (1840-1889)*. São Paulo: Edições Companhia Nacional. Brasiliana, v. 79, 1937.

DARTE, Abelardo. *As alagoas na Guerra da Independência*. Maceió: Arquivo Público de Alagoas, 1975.

MACHADO, Luiz Alberto. *Ana Lins, a Revolução de 1817 & Todo dia é dia da mulher*. 09 de janeiro de 2016. Disponível em: <https://blogdotataritaritata.blogspot.com/2016/01/todo-dia-e-dia-da-mulher_9.html> Acesso em 4 mai 2022.

MELLO, Evaldo Cabral de. A outra Independência; o federalismo pernambucano de 1817 a 1824. São Paulo: Editora 34, 2004.

SCHUMAHER, Schuma. EMAS, Gogó de. *A participação das mulheres na história do Estado do Alagoas*. Rio de Janeiro: REDEH, 2004.

_____. BRAZIL, Érico. *Dicionário de mulheres do Brasil: de 1500 até a atualidade biográfico e ilustrado*. Rio de Janeiro: Zahar, 2000.

SILVA, Enaura; BOMFIM, Edilma. *Dicionário de mulheres de Alagoas ontem e hoje*. Maceió: EdUfal, 2007.

SOBRE AS AUTORAS

Cidinha da Silva é escritora. Publicou dezenove livros, entre eles *O mar de Manu* (Prêmio APCA 2021, melhor livro infantil), *Oh, margem! Reinventa os rios!* (2021), *#Parem de nos matar!* (2021), *Um Exu em Nova York* (Prêmio Biblioteca Nacional, 2019) e *Os nove pentes d'África* (2009). Suas obras são traduzidas para diversas línguas.

Marcela Telles é historiadora, doutora em História pela Universidade Federal de Minas Gerais (UFMG). Co-organizadora dos livros *Vozes do Brasil: a linguagem política na Independência* (2020), *Poesia e prosa com Maria Bethânia: diálogos entre literatura e canção* (2017) e *Utopias Agrárias* (2008). É pesquisadora do Projeto República: núcleo de pesquisa, documentação e memória/UFMG.

Patrícia Valim é historiadora e professora do Departamento e do Programa de Pós-Graduação em História da Universidade Federal da Bahia (Ufba) em cooperação técnica com a Universidade Federal de Ouro Preto (Ufop). É autora do livro *Corporação dos enteados: tensão, contestação e negociação política na Conjuração Baiana de 1798* (2018).

Socorro Acioli é jornalista e escritora, doutora em Estudos de Literatura pela Universidade Federal Fluminense (UFF). Coordena a pós-graduação em Escrita e Criação da Universidade de Fortaleza (Unifor). É autora dos livros *Oração para desaparecer* (2022), *Sobre os felizes* (2019), *A cabeça do santo* (2014) – publicado também nos Estados Unidos, Inglaterra e França – e *Frei Tito* (2001).

Virginia Siqueira Starling é jornalista, escritora e tradutora, formada em Comunicação Social pela Universidade Federal de Minas Gerais (UFMG). Traduziu, entre outras obras, *Ação e a busca da felicidade* (2018), de Hannah Arendt. Participou das obras *História da música brasileira em 100 fotografias* (2021) e *A arquidiocese de Belo Horizonte e sua presença pública, social e política* (2021). Foi assistente de desenvolvimento do podcast *Mulheres na Independência* (2022).

SOBRE AS ORGANIZADORAS

Heloisa M. Starling é professora titular-livre de História da Universidade Federal de Minas Gerais (UFMG) e coordenadora do Projeto Republica: núcleo de pesquisa, documentação e memória da UFMG. Historiadora e cientista política, seu campo principal de pesquisa está voltado tanto para o estudo da história das ideias quanto para a investigação e análise de temas próprios à tradição republicana e ao republicanismo, bem como à história da democracia no Brasil. Publicou, entre outros livros, *Brasil, uma biografia* (2015), em coautoria com Lilia Schwartz; *Ser republicano no Brasil Colônia: a história de uma tradição esquecida* (2018). Organizou as publicações *Ação e busca da felicidade. Hannah Arendt* (2018); *Vozes do Brasil: a linguagem política da Independência* (2021), coorganizado com Marcela Telles Elian de Lima. Entre seus trabalhos mais recentes está o livro *Linguagem da destruição: a democracia brasileira em crise* (2022), em coautoria com Miguel Lago e Newton Bignotto.

Antonia Pellegrino é formada em Ciências Sociais, com mestrado em Literatura, Cultura e Contemporaneidade pela PUC-Rio. Com vinte anos de experiência como roteirista, já foi premiada pela Academia Brasileira de Letras, Academia do Cinema Brasileira, New York Film Festival e indicada ao Emmy. Tem contos em diversas antologias, entre elas *Granta* Brasil e Portugal. Em 2014, lançou o livro *Cem ideias que deram em nada*. Tem textos publicados no caderno *Ilustríssima*, nas revistas *Piauí, Vogue, Trip, 451*, entre outras. Foi colunista da revista *TPM* e do jornal *Folha de S.Paulo*. Se tornou uma voz ativa no movimento de mulheres graças ao trabalho na plataforma #AgoraÉQueSãoElas. É criadora do podcast Mulheres na Independência, da Globoplay.

Este livro foi editado pela Bazar do Tempo na cidade de São Sebastião do Rio de Janeiro e impresso em papel pólen soft 80g/m² pela gráfica Rotaplan, em agosto de 2022. Foram usadas as fontes Arnhem, de Fred Smeijers, Rainsong, de Joey Maul e Balto, de Tal Leming.

1ª reimpressão, novembro 2022